AF502731

CATALOGUE

DES

TABLEAUX

ITALIENS, FLAMANDS, HOLLANDAIS
ET FRANÇAIS,

Des anciennes Écoles,

QUI COMPOSENT LA MAGNIFIQUE GALERIE

de M. le Chevalier Erard.

Se distribue à Paris,

Chez M^e. LACOSTE, Commissaire-Priseur, rue Hélène, N° 5,
Et chez M^r. HENRY, Commissaire-Expert du Musée royal,
rue de Bondy, N° 23.

1831.

Peu de mois après la publication de ce Catalogue,
le chevalier Sébastien Érard, succombant aux longues
souffrances d'une maladie qui le consumait insensi-
blement depuis plusieurs années, fut enlevé à sa
famille, à ses amis, et aux beaux-arts dont il était
devenu l'un des plus ardens appuis. C'est donc en
exécution de ses volontés dernières, que la magnifique Galerie qu'il était parvenu à former, sera
mise en vente par M. Pierre Érard, son neveu, on
pourrait dire son fils bien-aimé, à en juger par
l'affection toute paternelle dont il lui a donné un si
éclatant témoignage, en l'instituant son légataire
universel. On comprendra facilement qu'il en coûte
à M. Pierre Érard de songer au morcellement inévi-
table d'une collection aussi complète, qu'il n'appar-
tiendrait qu'à un prince ou à tout autre éminent
personnage de vouloir conserver dans son entier.
Personne, en effet, ne se le dissimulera, la division
d'une Galerie où se trouvent rassemblés tant de chefs-
d'œuvre des diverses écoles de peinture, sera une
véritable perte pour la France, et particulièrement
pour les hommes qui, chez nous, se montrent encore
animés du louable amour des beaux-arts.

CATALOGUE

DES

TABLEAUX

ITALIENS, FLAMANDS, HOLLANDAIS ET FRANÇAIS,

Des anciennes Écoles,

QUI COMPOSENT LA MAGNIFIQUE GALERIE

de M. le Chevalier Erard.

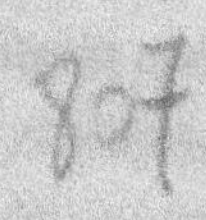

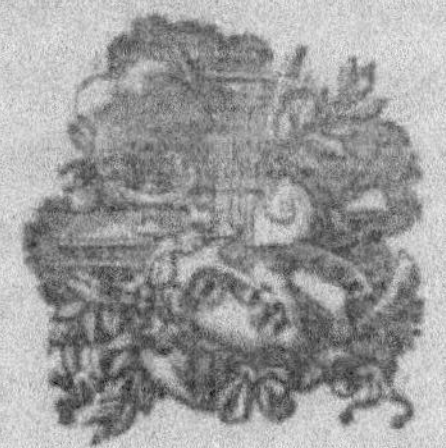

Se distribue à Paris,

Chez Mᵉ LACOSTE, Commissaire-Priseur, rue Thérèse, N° 2,
Et chez M. HENRY, Commissaire-Expert du Musée royal,
rue de Bondy, N° 23.

—————

1834.

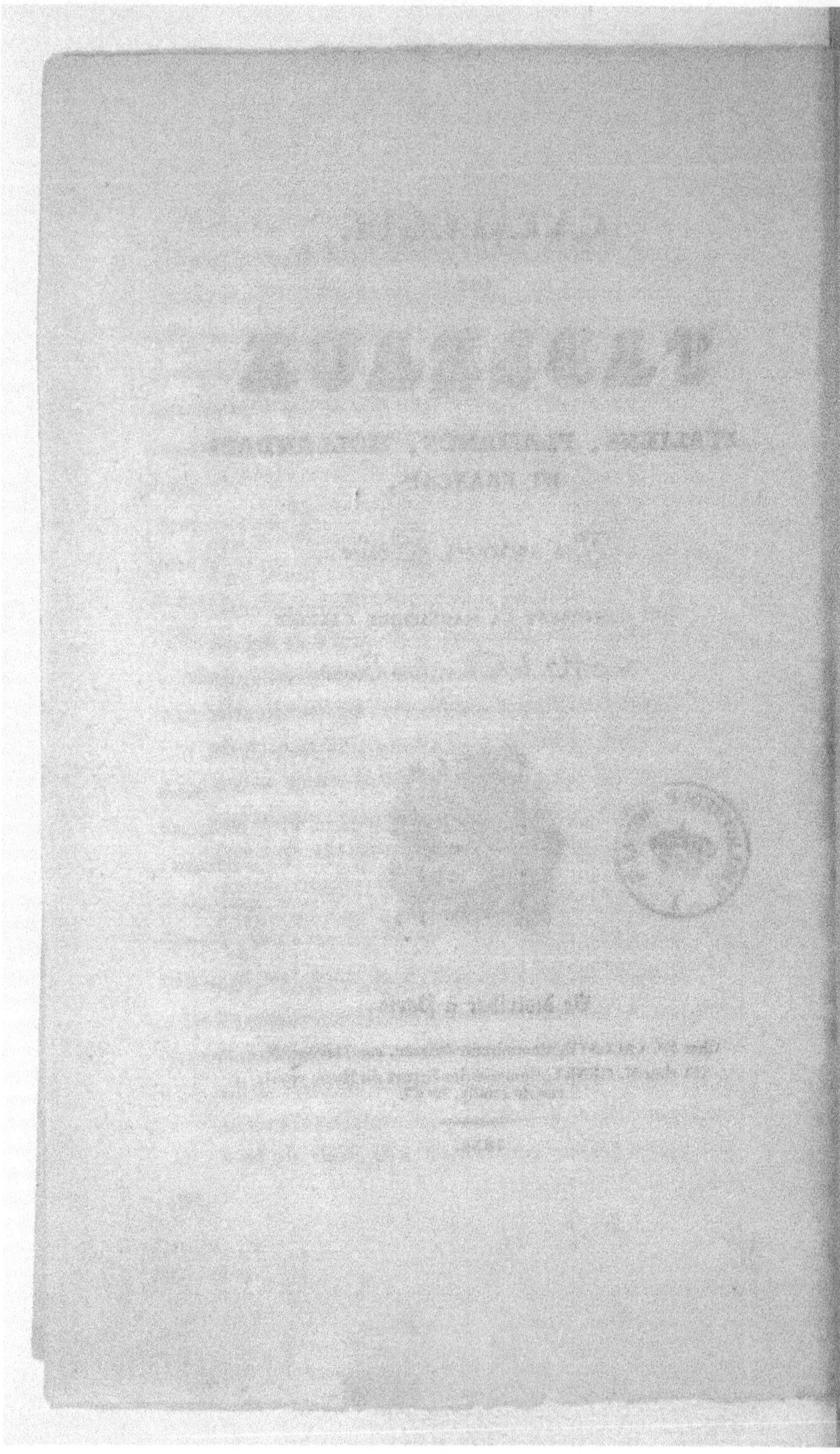

AVERTISSEMENT.

La galerie de tableaux dont on donne ci-
après le catalogue, est devenue l'une des plus
fameuses de l'Europe. Plusieurs souverains ont
daigné lui accorder quelques momens d'attention, et ont trouvé qu'elle en était digne.

En décrivant les morceaux aussi rares que
précieux, dont elle se compose, on n'a point eu à
s'occuper des dénominations de leurs auteurs.
Elles étaient toutes imposées d'avance et depuis
long-temps ; toutes avaient été sanctionnées, on
ne dira pas seulement par M. le chevalier Érard,
dont chacun apprécie le goût sûr, et l'esprit de
discernement en matière de peinture et autres
objets d'arts, mais encore par les nombreux
amateurs, tant français qu'étrangers, qui ont
visité sa galerie, et applaudi à l'excellence de son
choix. Du reste, on en appelle à tout ce qu'il y
a de connaisseurs.

Comme le voyageur qui raconte ce qu'il a vu
et entendu, on n'a eu donc que des narrations à
faire, pour mettre ce catalogue au jour. Mais la
tâche restait encore assez grande et assez difficile, pour faire sentir que les moyens d'exécution ne secondent pas toujours le désir de bien

faire. Aussi, les personnes auxquelles M. Érard a bien voulu confier ce travail, sont elles les premières à reconnaître que, malgré les soins qu'elles y ont mis, il est loin de répondre à l'importance de son objet. En pareille matière, le mérite et la principale difficulté ne résident ni dans l'indication juste du sujet d'un tableau, ni dans la manière d'en expliquer l'ordonnance et d'en énumérer jusqu'aux moindres détails ; ce n'est guère là que le compte des objets qui y sont matériellement représentés ; et ce compte, dans maint et maint cas, peut être très-imparfait.

La peinture par son immense étendue, est, comme on sait, celui de tous les arts libéraux qui embrasse le plus de choses; et celui, par conséquent, qui demande à l'homme qui désire y acquérir de la gloire, le plus d'esprit, de connaissances diverses et de raisonnement. Dans un grand nombre des productions de cet art, notamment dans les chefs-d'œuvre des maîtres d'un génie supérieur, il y a souvent des vérités morales mêlées aux vérités physiques; c'est-à-dire, qu'indépendamment des formes et du coloris, il s'y trouve des préceptes, des allusions, un idéal, une poésie enfin, qui en relèvent la beauté. Le Poussin était si persuadé de

la difficulté de bien comprendre certaines parties d'un tableau, qu'il ne livrait aucun des siens
sans y joindre une note, dans laquelle il ex-
pliquait tous les motifs qui l'avaient guidé dans
la composition de son sujet.

Ce serait donc dans les pensées de l'auteur,
qu'il importerait surtout de lire et d'initier les
lecteurs, chaque fois qu'on fait l'analyse d'un tableau. Mais la perspicacité qui voit juste et profondément ; mais l'aisance à émettre, tantôt
avec grâce, tantôt avec énergie, les diverses
impressions de l'âme, toujours éloquente, sont
des facultés précieuses qui ne sont pas données
à tout le monde, et sans lesquelles cependant il
est impossible de traduire parfaitement l'expression d'un beau tableau. Sur ce point, les rédac-
teurs du présent catalogue ont trop senti leur
faiblesse, pour oser passer outre, avant d'avoir
réclamé beaucoup d'indulgence. Dans la galerie
de M. Érard, ils se sont vus au milieu de tant
de peintures admirables, de tant de paysages
riants, de scènes gracieuses, de sujets dramati-
ques ; de tant d'images vraies où l'homme est représenté à tout âge, dans toutes les conditions
et situations de la vie ; et en considérant tous ces
prodiges, ils ont éprouvé des émotions si vives,
des sensations si variées, qu'ils n'ont jamais eu

la vanité de croire qu'ils pourraient exprimer
tout ce qu'ils ressentaient. Il est des impressions
qu'on ne peut rendre , et des tableaux qu'on ne
peut décrire.

Maintenant une autre pensée les agite. Cette
galerie , que les professeurs et les amateurs
ne se lassaient point de visiter, où ils goûtaient
des jouissances délicieuses en même temps qu'ils
y puisaient d'utiles leçons , va , d'un moment à
l'autre, disparaître du sol français, comme toutes
celles qu'on y a si long-temps admirées , soit
avant , soit depuis notre révolution.

Il a paru inutile de rappeler ici combien l'ex-
portation continuelle des bons ouvrages de peinture des anciennes écoles, les a rendus chers et
rares en France. L'espèce de privation qui en
résulte, est généralement et péniblement sentie
par toutes les personnes qui ont le goût des
arts ; et ce sentiment a cela d'amer, que l'avenir
même , source de toutes les espérances , ne per-
met pas de croire à la possibilité de recomposer
de nouveaux cabinets , propres à faire oublier
ceux que nous n'avons plus ; cela demanderait
des sacrifices que peu de fortunes sont en état de
supporter.

Si l'on disait ceux que M. le chevalier Érard
a dû faire , pour arriver à la formation de sa

galerie, beaucoup de gens auraient de la peine à y croire.

Un sacrifice beaucoup plus grand, toutefois, qu'il est prêt à s'imposer, comme on vient de le faire entendre, c'est celui de cette galerie même, où le besoin de se distraire de ses longs et glorieux travaux d'esprit, lui a fait chercher et trouver quelques instans de bonheur. Puisse-t-il après s'être volontairement fermé cette source de délassemens paisibles, trouver un adoucissement à ses regrets, en pensant que la plus noble des passions, lui sera un titre de plus à la célébrité qui lui est réservée. L'histoire qui n'omet rien de ce qui est digne d'éloge, a toujours eu soin de faire rejaillir sur les hommes qui se montrèrent épris de l'amour des arts, quelques rayons de la gloire de ceux qui se sont illustrés en les cultivant.

On a fait connaître, autant qu'on l'a pu, ceux des tableaux de sa collection, d'après lesquels il a été fait des estampes, ainsi que ceux qui ont appartenu à des cabinets renommés; mais il est certain qu'en faisant des recherches dans les anciens catalogues, et dans les recueils de gravures, on y trouverait encore beaucoup de citations à faire.

On n'étendra point ce préambule par l'énumération des tableaux remarquables de la galerie ; cette énumération serait longue sans être utile , et la table qui suit y suppléera complétement.

Quant à la vente , on indiquera par des annonces dans les journaux , l'époque où elle aura lieu , si les grands événemens politiques qui troublent actuellement toute l'Europe , n'y mettent point d'empêchement. Tous les temps sont bons pour la vente des tableaux ordinaires ; mais on conçoit qu'il n'en est pas ainsi pour les tableaux d'une haute importance.

On a séparé par une espèce d'appendix , les tableaux de la galerie de M. le chevalier Érard , de ceux qui ornent son salon, et dont il a également résolu de se défaire. Dans le nombre de ces derniers , se trouvent des ouvrages remarquables de Berchem , Both , Dietrich , Lingelbach , de Maubeuge , Plazer et autres grands maîtres.

Nota. Les mesures des tableaux ont été prises avec le pied de roi français et réduites en pouces.

TABLE DES PEINTRES

ET DE CEUX DE LEURS OUVRAGES DONT IL EST
FAIT MENTION DANS CE CATALOGUE.

Écoles d'Italie.

GUERCINO.	23. Agar renvoyée par Abraham.
	24. La mort de Saint Sébastien.
GUIDO RÉNI.	25. Saint Joseph et l'enfant Jésus.
	26. David vainqueur de Goliath.
JORDANO (L.).	27. Le couronnement d'épines.
JULIO ROMANO.	28. L'enfance de Jupiter.
LIBERI (P.).	29. Sujet tiré de la mythologie.
PALMA (J.).	30. Sainte Famille.
	31. La Vierge et son Fils, etc.
PARMIGIANINO.	32. Ste. Marguerite honorant Jésus.
	33. La Vierge et son Fils.
PERRIN (DEL VAGA).	34. Sainte Famille.
PERUGIN.	35. Nativité de Jésus.
PESARÈSE.	36. La fuite en Égypte.
PULIGO (D.).	37. Sainte Famille.
RAFFAELLO-SANZIO.	38. La Vierge, son fils et deux anges.
	39. Mise au tombeau.
ROSSO (IL).	40. Le baptême de Jésus.
SALVATORE ROSA.	41. Paysage.
	42. La Nativité.
SCHEDONE (B.).	43. La sainte Famille.
	44. Autre sainte Famille.
SEB. DEL PIOMBO.	45. Guérison miraculeuse.
TIZIANO.	46. Le denier de César.
VERONESE (P.).	47. La fuite en Égypte.
AUTEUR INCONNU.	48. La Cène.

École Espagnole.

JOANES (V.).	49. Pierre recevant les clefs du paradis.
MURILLO (E.).	50. La Vierge dans une gloire.
	51. La nativité de Jésus.

VELASQUEZ.	52. Portrait équestre d'un général.
	53. Portrait d'homme.
MAÎTRE INCONNU.	54. Madone.

Écoles

HOLLANDAISE, FLAMANDE ET ALLEMANDE.

ALBERT DURER.	55. Hommage rendu à Jésus.
ASSELEYN (J.).	56. Vue d'un chemin souterrain.
	57. Paysage.
BAKHUYZEN (L.).	58. Les bateaux de passage.
	59. Marine.
BEGA (C.).	60. Les amateurs de musique.
BERCHEM (N.).	61. Grande chasse aux cerfs.
	62. Port de mer.
	63. Vue d'un Port de mer.
BERKHEYDE.	64. Vue de l'Eglise de Harlem.
	65. Intérieur de Temple protestant.
BOTH (J.).	66. Paysage.
	67. Paysage.
BRAUWER (A.).	68. Intérieur de Cabaret.
CHAMPAGNE (PH. DE)	69. Les Pélerins d'Emmaüs.
	70. La Vierge et Jésus.
	71. Portrait d'homme.
CUYP (AL.).	72. Paysage.
	73. Voyageurs près d'une hôtellerie.
	74. Portrait d'homme.
DENNER (B.).	75. Portrait d'homme.
DOU (G.).	76. Portrait de l'auteur.
	77. L'Empirique.
	78. La Souricière.
DYCK (ANT. V.).	79. Le baiser de Judas.

ELSHEYMER (A.)....   80. Stellé se moquant de Cérès.
EVERDINGEN (A.).   81. Chûte d'eau.
EYCK (H. V.)   82. La Nativité et la salutation.
HELTS (B. V.)   83. Portrait d'homme.
HEYDEN (J. V.)   84. Intérieur d'une ville.
    85. Vue d'une porte d'Amsterdam.
HOBBEMA (M.)   86. Paysage.
    86 (bis). Paysage.
HOOCH (P. DE)   87. Conversation hollandaise.
HUYSUM (J. V.)   88. Bouquet de Fleurs.
JARDIN (K. DU).   89. Paysage.
    90. Paysage pastoral.
    91. Le Passage du gué.
LAIRESSE (G. DE)   92. Sujet historique.
METZU (G.).   93. Jeune Dame à sa toilette.
MIEL (J.)   94. La sainte Famille.
MIERIS (F.).   95. La Musicienne.
MILÉ (J. F.).   96. Paysage historique.
MINDER HOUT.   97. Marine.
    98. Port de mer.
MOMERS (H.).   99. Paysage pastoral.
MOUCHERON (F.).   100. Paysage.
NEER (A. V.)   101. Paysage, effet de nuit.
ORRIZONTI.   102. Paysage.
OSTADE (AD.).   103. L'Estaminet hollandais.
    104. L'Adoration des Bergers.
OSTADE (I.).   105. Halte de Voyageurs.
    106. Repos de Voyageurs.
    107. Vue d'un Canal glacé.
    108. Vue d'un Canal glacé.
    109. Vue de Hollande en hiver.
POELENBURG (C.).   110. Paysage orné d'une bacchanale.
POTTER (P.).   111. Le Pâturage.

PYNAKER (A.)	112. Paysage.
	113. Paysage.
	114. Paysage.
	115. Paysage.
	116. Paysage.
	117. Paysage.
REMBRANDT.	118. Portrait de deux Epoux.
	119. Portrait de l'amiral Tromp.
	120. Portrait d'homme.
	121. Portrait de femme.
	122. L'Education de Joas.
	123. Le Bénédicité.
	124. L'Usurier.
RUBENS (P.-P.)	125. Jésus bénissant les enfans,
	126. Sainte Famille.
	127. Portrait du graveur Bolswert.
	128. L'Adoration des Mages.
	129. L'Adoration des Mages.
	130. Paysage.
RUYSDAEL (J.)	131. Paysage.
	132. Vue de Schiendam.
RUYSDAEL (S.).	133. Paysage.
RYCKAERT (D.).	134. L'Auteur dans son atelier.
SCHALKEN (G.).	135. Le Papillon en danger,
	136. L'Ermite en méditation.
SCHELLINX (W.)	137. Paysage.
SOLEMAKER.	138. Paysage avec animaux.
STEEN (J.)	139. La Noce de village.
	140. Les plaisirs de la Kermesse.
SWANEVELT (H.)	141. Paysage.
TENIERS (D.).	142. L'Enfant prodigue.
	143. Les quatre Saisons.
	144. Les Joueurs de boule

	145. Le Chimiste.
	146. La Diseuse de bonne aventure.
	147. Paysage.
	148. Les OEuvres de miséricorde.
SUITE DE TENIERS (D.).	149. La Partie de dés.
	150. Kermesse.
	151. Kermesse.
	152. Paysage.
	153. Paysage avec effet de lune.
TERBURG (G.).	154. La Toilette.
TOL (D. V.).	155. La Dentellière.
VAN OS (J.).	156. Fruits.
	157. Paysage pastoral.
	158. Paysage pastoral.
VELDE (A. V.).	159. La Prairie.
	160. Paysage avec ruines.
	161. Paysage pastoral.
	162. Vue du Zuyderzée.
	163. Marine.
VELDE (G. V.).	164. Vue d'une Rade de Hollande.
	165. Vue d'un Rivage de Hollande.
VER BOOM.	166. Paysage.
WERFF (A. V.).	167. La Sépulture de Jésus.
	168. La sainte Famille.
WITTE (E. DE).	169. Intérieur d'Eglise.
	170. Les Pélerins.
	171. Le Maréchal ferrant.
	172. Chasse au Faucon.
WOUWERMAN (Pn).	173. Halte de Chasseurs.
	174. Le Maréchal ferrant.
	175. Paysage.
	176. Le Départ de l'hôtellerie.

WYNANTS (J.).	177.	Paysage.
	178.	Paysage.
	179.	Paysage.
	180.	La Maison rustique.
	181.	Paysage.
WEENIX (J.).	182.	Gibier.

École Française.

GELÉE (Cl.).	183.	Soleil couchant.
	184.	Port de mer.
	185.	Paysage.
	186.	Paysage.
	187.	Enée à Carthage.
	188.	Port de mer.
	189.	Paysage au Soleil levant.
POUSSIN (N.).	190.	Sujet allégorique.
	191.	Apollon et Daphné.
	192.	La Naissance de Bacchus.

Tableaux du Salon de M. Erard.

BERCHEM (N.).	193.	Scène familière.
BERKHEYDE (G.)	194.	Vue de Hollande.
BOTH (J.).	195.	Paysage.
DIETRICH (Ch.-G.-E.)	196.	Paysage pastoral.
DYCK (Ant. V.)	197.	La mort de Jésus.
LINGELBACH (J.).	198.	Paysage.
MAUBEUGE.	199.	L'adoration des Mages, etc.
PLAZER (F.-J.).	200.	Temple de Salomon.
REMBRANDT (P.).	201.	Paysage.
SART (C. du.)	202.	Fête champêtre.

CATALOGUE

DES TABLEAUX

De la riche Galerie

DE M. LE CH. ÉRARD.

Ecoles d'Italie.

ALBANI (Francesco.)

1. QUATRE TABLEAUX REPRÉSENTANT LES SAISONS. — *Toile, forme ovale. Hauteur, soixante-six pouces; largeur, quatre-vingt-quatre pouces.*

Ces tableaux, les plus séduisans qu'on connaisse, décoraient autrefois le palais *Santa-Croce*, à Rome. L'abbé Richard en parle à la page 109 du sixième volume de sa *Description historique et critique de l'Italie*, ouvrage imprimé à Paris en 1766.

Il en est aussi question dans le tome second, page 332, du *Voyage d'un amateur des arts*, etc... publié en 1788 par M. de La R...., et telles sont les propres expressions de l'auteur : « Les quatre saisons représentées dans autant de tableaux, grands ovales,

» par l'Albane. Nous ne connaissons rien de ce maî-
» tre qui surpasse le mérite de ces quatre belles
» productions. Les quatre élémens qui décorent la
» chambre à coucher du palais de S. M. à Turin,
» peuvent seuls leur être comparés : ces huit mor-
» ceaux sont de vrais chefs-d'œuvre. »

Qui voudrait détailler toutes les particularités qui distinguent ces ingénieuses productions, tous les épisodes aussi variés qu'agréables qui les enrichissent ; qui voudrait relever tout ce que l'imagination de l'auteur y a répandu d'esprit et de charmes, s'exposerait à dépasser de beaucoup les limites dans lesquelles on a coutume de resserrer les notes d'un catalogue, sans que sa plume fut parvenue à traduire avec fidélité le séduisant langage du pinceau. On se bornera donc à n'en faire que de courtes analyses. Mais ce qu'il convient avant tout de faire remarquer, c'est que l'Albane a emprunté de ces quatre beaux tableaux, comme s'il eût puisé dans quatre sources abondantes, la plupart des figures, des groupes même dont il composa plus tard ses autres ouvrages.

Le Printemps. — Vénus mollement étendue sur des coussins recouverts d'une draperie bleue, vient de s'endormir près des bosquets de Cythère, au milieu d'un essaim d'amours. Son corps, dans un abandon plein de charme, se dessine avec grâce sous une tunique légère, qui laisse à nu une partie de ses cuisses, ses jambes et la moitié de son sein. Autour d'elle, sans interrompre son repos, se jouent plusieurs des enfans de son cortége, tandis que leurs frères cueillent des fleurs pour lui en faire hommage à son réveil. La déesse Flore, assise sur un nuage au milieu des airs avec deux amours, abaisse ses regards vers la terre et y laisse tomber quelques fleurs, dons aimables dont elle a soin de l'embellir. A la gauche du tableau, une petite haie taillée forme une enceinte au milieu de laquelle s'élève une fontaine, et dont l'entrée est enrichie de deux piliers surmontés de statues de marbre blanc. C'est en dehors de cette somptueuse enceinte que Cypris est venue respirer l'air de la campagne, et s'abandonner aux douceurs du sommeil. Plusieurs personnes ont pensé que cette disposition avait un sens allégorique, et pouvait signifier que c'est dans le séjour des champs, et non au milieu des merveilles d'un palais qu'on trouve la paix, le bonheur et la liberté. Ce qui frappe ici tous les yeux, c'est la figure enchanteresse de Vénus : figure qui souriait aux yeux même de l'Albane, et qui est une de celles qu'il s'est plu à reproduire dans un grand nombre de ses productions, quelquefois avec de légers changemens, quelquefois sans y rien changer.

L'Été. — Une nombreuse troupe d'amours s'occupe dans un champ de blé aux différens travaux de la moisson ; d'autres se baignent dans une rivière que deux de leurs frères viennent de traverser. Ceux-ci, non contens d'avoir franchi l'onde, se font encore un jeu d'en gravir la rive escarpée. Mais comme il est des amours entreprenans et téméraires, il en est aussi qui sont pleins de timidité : tel est celui qu'un de ses petits compagnons entraîne vers l'eau, et aux épaules duquel un autre attache des nageoires. Non loin de la rivière est une Naïade assise et appuyée sur une urne tarie ; signe de la sécheresse causée par les chaleurs qui embrâsent l'air en été, et pénètrent jusque dans le sein de la terre. Le symbole de ces chaleurs, quelquefois étouffantes, se voit ici dans les figures de Vénus et de plusieurs amours, apparaissant sur un nuage avec des brandons en feu dans leurs mains. D'autres amours font un repas champêtre sous un toit de chaume ; d'autres se reposent sur le gazon ou regardent ceux de leurs frères qui sont occupés aux divers travaux de la moisson.

L'Automne. — Bacchus, sur un nuage, un thyrse dans une main, une grande coupe dans l'autre, préside, du haut des airs, aux travaux ainsi qu'aux plaisirs de la vendange. Un enfant, tenant aussi une tasse, est à côté de lui. Ce sont encore des amours qui cueillent, portent et pressent le raisin ; récoltent les fruits et vont les déposer aux pieds de Pomone ; tandis que plusieurs de leurs camarades, pour célébrer le triomphe du Dieu qui conquit l'Inde et apprit à cultiver la vigne, traînent joyeusement un char, sur lequel ils ont placé Cupidon ivre de vin nouveau et plongé dans un profond sommeil. Pomone est représentée par une femme assise sur le devant du tableau, et tenant un fruit que lui demande avec instance un petit amour.

L'Hiver. — Ce n'est ni par le souffle des vents et,

l'attristante image d'un ciel nébuleux, ni par d'é-
paisses couches de neige répandues sur la terre, que
l'Albane a représenté l'hiver dans ce tableau; mais
par le riant spectacle d'une multitude d'amours for-
geant, aiguisant et essayant des flèches, sous les
yeux de Vénus et du boiteux Vulcain. Celui-ci, la
main appuyée sur un marteau, est assis à terre à
côté d'un casque et d'un bouclier qu'il vient de for-
ger. Il regarde gravement un groupe d'amours qui
ont formé de leurs brandons un seul foyer, dans la
flamme duquel ils font rougir la pointe de leurs flèches, comme pour y faire pénétrer un feu qui en
rende la blessure plus dangereuse. Ces flèches sont
l'ouvrage d'un amour qui les façonne sur une enclume, et les passe ensuite à l'un de ses frères pour
les aiguiser. Ce dernier emploie pour cet effet une
meule au-dessus de laquelle voltige un autre amour
qui y verse de l'eau. Plus loin, cinq ou six de ces
malicieux enfans essayent leurs traits, et s'exercent
à tirer de l'arc, en visant à un but auquel ils ont
donné la forme d'un cœur. A leurs jeux applaudit
Vénus, dont un nuage soutient le char au milieu des
airs. Trois amours accompagnent leur mère, et,
comme elle, ont en main des brandons enflammés.

Ce dernier tableau n'est point, à proprement parler, un sujet d'hiver, mais une ingénieuse allusion
au feu, à cet élément vital qui préserve tous les êtres
de l'engourdissement mortel, auquel ils sont exposés
pendant les rigueurs de la mauvaise saison.

Il semble que l'Albane, en ne faisant intervenir

que des enfans dans les scènes aussi riches, aussi intéressantes qu'animées, dont se composent ces quatre
tableaux, ait songé, comme on l'a dit, à reproduire
le système de ces philosophes de l'antiquité, qui at-
tribuaient toutes les merveilles de la nature aux génies dont ils peuplaient le monde entier. Quoi qu'il
en soit, rien de plus gai que la vue de ces enfans si
jolis, si bien faits, dont les actions sont si vives, les
mouvemens si souples, les attitudes si gracieuses.
C'est d'ailleurs une chose reconnue depuis long-temps
que personne n'a mieux rendu que ce peintre les
physionomies, tantôt naïves, tantôt malicieuses, les
jeux folâtres et variés de ces êtres charmans, ni
mieux dessiné que lui les formes potelées de leurs petits corps. Suivant Mengs, l'Albane est encore supérieur à tous les autres maîtres pour l'imitation des
figures de femmes.

Il serait superflu de rien ajouter à ce que l'on a
mille et mille fois dit et répété à l'éloge de cet artiste
charmant, original dans ses inventions, peut-être
unique dans son genre, et si souvent nommé,
tantôt le peintre des Grâces, tantôt l'Anacréon de
la peinture.

On a eu soin de conserver à ces quatre tableaux
les cadres chargés de sculpture qu'ils avaient dans le
palais *Santa-Croce*.

2. Repos de la sainte Famille. — *Cuivre ; hauteur
douze pouces, largeur dix.*

Marie, représentée au milieu de la composition,

est assise, le dos appuyé contre un rocher, et tient l'enfant Jésus sur ses genoux. Ses regards ainsi que ceux de son fils se portent sur les spectateurs. A la gauche de la vierge se repose saint Joseph; à sa droite sont agenouillés deux anges, dont les traits réunissent à l'éclat et à la candeur de deux têtes de vierge, la double expression du respect et du ravissement. Le visage de l'enfant, celui de sa mère sont aussi d'une grande beauté. Une exécution soignée, un coloris plein de fraîcheur, achèvent de donner à ce petit tableau tout le charme dont était susceptible un sujet aussi simple et aussi souvent répété. On sera sûr de plaire chaque fois qu'on peindra, comme l'a fait l'Albane, ce qu'il y a de plus aimable dans la nature

BASSANO (Jacopo da Ponte, dit il).

3. Jacob en voyage avec sa famille. — *Toile; hauteur quarante-deux pouces, largeur quatre-vingt-seize.*

Le patriarche s'arrête avec tous ses gens et ses troupeaux, pour leur donner le temps de se rafraîchir et de se reposer. Ce beau tableau, composé d'une multitude de figures, très-rendu dans toutes ses parties, est un de ceux que l'on comptera toujours parmi les productions les plus capitales de l'auteur. Il provient de la riche collection que M. le comte de La Forêt avait formée en Espagne, lorsqu'il y résidait en qualité d'ambassadeur, et qui fut vendue à Paris, en janvier 1822.

4. L'Arche de Noé. — *Deux tableaux faisant pen-
dans ; toile ; hauteur trente-six pouces, largeur
quarante-deux.*

Dans l'un sont représentés des enfans de Noé s'oc-
cupant de travaux relatifs à l'arche ; on voit, dans
l'autre, les animaux entrant par couple dans l'arche,
au moyen d'un pont volant.

Les productions de Bassano sont en général d'un
coloris énergique et vrai, qui leur a long-temps mérité l'attention et les éloges des connaisseurs.

BELLINI (Giovanni).

5. Le Mariage de sainte Catherine. — *Bois ; hauteur vingt-cinq pouces six lignes, largeur cinquante
trois pouces.*

L'enfant Jésus, assis sur les genoux de sa mère,
scelle son alliance avec Catherine, en lui mettant
l'anneau nuptial au doigt. A cette cérémonie assistent saint Joseph et saint Bruno. Toutes ces figures,
excepté celle de Jésus, sont représentées à mi-corps ;
elles ont de la rondeur, de la vie et de l'expression ;
le coloris primitif en est parfaitement conservé.

Jean Bellin, comme l'ont remarqué plusieurs écri-
vains, fit faire de grands progrès à l'art, en prenant
à tâche de l'ennoblir ; progrès dont la gradation est
sensiblement marquée dans ses propres ouvrages.
Celui-ci est une preuve de cette amélioration. On y
retrouve bien le style naïf de toutes les écoles qui
avaient précédé celle de l'auteur, mais avec plus de
choix dans le dessin, plus de délicatesse et de moel-

leux dans l'exécution , plus de relief et de naturel.
C'est l'union de deux époques de l'art , ou , pour être
plus clair , l'union du style ancien avec le nouveau.

Les perfectionnemens que Jean Bellin introduisit
dans la peinture lui ont valu de grands éloges , et le
font regarder, encore aujourd'hui, comme le père de
l'école vénitienne. A ce titre , une production de sa
main , surtout quand elle est aussi bien conservée
que celle-ci , est singulièrement digne d'être remar-
quée par les curieux , et mérite une place dans tous
les cabinets.

BELTRAFFIO (Giovanni-Antonio).

6. La vierge, son fils et saint Jeant-Baptiste enfant. —*Bois ; hauteur trente-et-un pouces , largeur
vingt-trois pouces sept lignes.*

Quoique cette peinture soit encore une de celles
qui se ressente de l'enfance de l'art , cependant on
ne peut reprocher aux figures de manquer tout-à-
fait de grâce et de mouvement. La vierge , représentée assise devant un rideau , est vue jusqu'aux genoux , et tient sur elle son divin fils. Saint Jean-Baptiste , debout aux pieds de Marie , exprime , en
joignant ses petites mains , le respectueux amour que
son jeune cœur ressent déjà pour Jésus , dont plus
tard il doit annoncer l'auguste mission. Aux deux
côtés du rideau la vue se porte sur les derniers plans
d'un paysage.

Beltraffio , gentilhomme milanais , n'ayant exercé
la peinture que dans les heures de loisir que lui lais-

saient de plus graves occupations, n'a produit que
fort peu de tableaux. Cette raison, dit Lanzi dont on
a tiré la remarque précédente, les rend rares et
très-précieux.

BRONZINO (Angiolo).

7. PORTRAIT D'HOMME. — *Bois; hauteur vingt-trois*
pouces, largeur dix-huit.

Il est représenté en buste, nu-tête, le bas du visage garni d'une barbe épaisse, et les épaules couvertes d'un vêtement noir. Son teint basanné est
rendu avec beaucoup d'art ; le coloris du Giorgion n'a
pas plus de vigueur.

Les portraits du Bronsin lui ont valu une grande
réputation que celui-ci justifie pleinement. Une qualité qui leur est particulière, c'est cet émail, cette
couleur, pour ainsi dire *agatisée*, qui est moins un
effet du temps que l'œuvre d'une main habile à finir,
et le résultat de l'union parfaite de toutes les nuances du coloris. On ignore le nom du personnage dont
on voit ici les traits ; mais ils révèlent à peu près
qu'elle fut son humeur, tant l'apparence de toutes
les facultés de la vie physique et morale s'y trouve
parfaitement empreinte, et leur donne d'expression.
Cette tête mâle est celle d'un homme grave et réflé-
chi, mêlant la simplicité à la dignité.

CARRACCI (Lodovico.)

8. La Vierge, l'Enfant-Jésus et le petit Saint-
Jean-Baptiste. — *Bois ; hauteur trente-cinq pouces,
largeur vingt-huit.*

Le Rédempteur, âgé de deux à trois ans, est assis
sur un socle de pierre, le coude appuyé sur un globe
surmonté d'une croix qu'il considère d'un air triste
et rêveur. Sous lui est étendu un des pans du manteau de la vierge Marie. Celle-ci, vue de profil, est
à la gauche et un peu en arrière de son fils ; elle regarde et écoute le petit Saint-Jean, dont les paroles
font sur elle une profonde impression.

Ces figures sont à peu de chose près, de grandeur
naturelle ; mais celle de Jésus que l'auteur a placée
en avant de Saint-Jean, est la seule qui soit entièrement développée ; les deux autres ne sont vues qu'à
mi-corps.

Qu'il y a ici d'intérêt, de sentiment et de perfection ! Que de justesse et de clarté dans la pantomime,
et que le caractère du Rédempteur est savamment
conçu ! Aux grâces ingénues de son joli visage se
mêle une douce mélancolie, reflet des tristes pres-
sentimens qui commencent à poindre dans son âme.
La tête du petit Saint-Jean-Baptiste ne fait pas moins
d'honneur au pinceau du Carrache. Elle est rendue
de manière qu'elle unit à la vivacité naïve des premiers ans, cette raison précoce, cet esprit de méditation qui convient au jeune précurseur. La Vierge
à qui il parle, en lui mettant la main sur l'épaule, fa-

miliarité naturelle aux enfans, l'écoute avec cette attention prononcée que nous donnons aux récits qui nous frappent et nous intéressent personnellement.

On croit devoir le répéter, il y a tant d'éloquence et de poésie dans le langage muet du visage et des gestes de chaque acteur de la scène, qu'il est douteux qu'on puisse porter plus loin le talent de l'*animation* pittoresque. Même intelligence dans la conduite du clair-obscur ; le travail de la main est parfait.

CARRACCI (Agostino).

9. LA MORT DE JÉSUS-CHRIST. — *Toile ; hauteur cinquante-cinq pouces, largeur soixante-dix-neuf.*

Sept anges entourent ou soutiennent les restes inanimés de l'homme-dieu, et mêlent leurs pleurs à celles de l'infortunée Marie. Toutes ces figures sont de grandeur naturelle. Leurs expressions ne sont pas tout-à-fait semblables, mais elles peignent de concert une douleur profonde, dont l'âme du spectateur ne peut se défendre d'être émue.

Cette lugubre peinture, cette scène déchirante, où l'auteur se montre grand dessinateur, coloriste, homme de génie, ne représente pas exactement un épisode du livre sacré ; c'est une composition mystique, une pensée de l'imagination, une fiction inventée pour aggrandir l'intérêt de la vérité historique, et montrer sous un aspect nouveau un sujet pathétique et religieux, sur lequel les plus illustres talens s'étaient déjà exercés. Ces anges adorateurs,

placés en face de la malheureuse vierge Marie, près
des restes inanimés du Christ, objet de leur vénération et de leurs larmes, n'ont été probablement in-
troduits dans cette composition, que pour faire entendre aux chrétiens, que, dans les suprêmes demeures
des élus, les souffrances, l'agonie, l'ignominieux
trépas de Jésus, furent un sujet de deuil, qui troubla
un moment la félicité des célestes esprits. Quoi qu'il
en soit, il semble qu'on ne puisse rien ajouter à la
beauté de ces êtres surnaturels, ni leur donner une
autre expression de sensibilité. La tristesse des uns
est amère ; celle des autres est tempérée par la con-
templation, leurs fronts en sont à peine altérés. Il
n'en est pas ainsi de la douleur de Marie : c'est un
tourment profond, un déchirement de cœur, une
angoisse mortelle qu'on ne peut expliquer, et qui ne
peuvent être compris que par l'homme sensible, auquel ils rappellent la perte d'un objet tendrement
aimé. Quant à la figure du Christ, posée sur un linceul, elle représente d'une manière frappante la
terrible image de la mort. Une pâle clarté, ménagée
avec intelligence et répandue sur toute la scène,
achève de lui donner un aspect tout à fait mélanco-
lique.

En somme, ce tableau est un témoignage imposant de la capacité d'Augustin Carrache, celui de
tous les peintres de ce nom qui avait reçu de la nature le plus de génie.

CIRO-FERRI.

10. CLOVIS À GENOUX DEVANT SAINT-RÉMI. — *Toile;
hauteur douze pouces six lignes, largeur neuf
pouces.*

Clovis Ier, fondateur de la monarchie française,
ayant fait vœu d'adorer le dieu de Clotilde, sa femme,
s'il gagnait la bataille de Tolbiac, où ses troupes
avaient commencé à plier, se présente, après avoir
défait les Germains, devant Saint-Rémi, archevêque
de Rheims, pour accomplir sa promesse. Le monarque est à genoux, tête nue, à la porte de l'église, où
le saint prélat se dispose à le baptiser. La couronne
de Clovis est à terre, à côté de lui; un écuyer tient
la bride de son cheval; on voit dans la campagne,
une partie de son armée, qui attend aussi les eaux
du baptême. Ce petit tableau intéresse par le sujet,
par la richesse de la composition, par l'exécution
même où se montre autant de soin que d'esprit.

CORREGGIO (ANTONIO ALLEGRI, dit il).

11. L'ÉDUCATION DE L'AMOUR. — *Toile; hauteur cinquante-sept pouces, largeur quarante.*

Mercure enseigne à lire à Cupidon; Vénus présente à la leçon, sourit aux progrès de son fils.

On est forcé d'admirer dans ce tableau tout ce qui
distingue le style si gracieux de Corrège : la douceur
des expressions, l'ondulation des mouvemens, la
force et la magie du coloris. Quant à la composition,

elle est semblable , à peu de chose près , à celle de
plusieurs tableaux où le Corrège a représenté le même
sujet. Celui-ci , dont les figures sont presque de grandeur naturelle , faisait autrefois partie de la célèbre
galerie du Palais-Royal. De cette galerie , il passa à
Londres dans le cabinet de M. Willet. C'est ce que
nous apprend S. W. Buchanan , dans un ouvrage
qu'il publia dans cette ville , en 1824, sous le titre de
*Memoirs of Painting, with a cronological history of
the importations of pictures by the great masters into
England, since the french revolution.*

L'auteur de ces mémoires , en rendant compte de
la vente faite à Londres des tableaux de la galerie
d'Orléans, s'exprime ainsi à la page 63 de son livre :
*The Education of Cupid. Sold to M. Willet.... This
picture was again sold after the death of M. Willet ,
and is now in the possession of M. Erard de Paris.*
c'est-à-dire , « L'Éducation de Cupidon vendue à
» M. Willet........ Cette peinture fut vendue de nou-
» veau après la mort de M. Willet, et appartient
» maintenant à M. Erard de Paris.»

Dubois de Saint-Gélais , dans sa description des
tableaux du Palais-Royal, ouvrage publié en 1722,
décrit ainsi le même tableau.

« L'éducation de l'amour. — Toile ; hauteur qua-
» tre pieds neuf pouces, largeur trois pieds quatre
» pouces.»

« Mercure, nu avec son pétase et ses talonnières,
» est assis et montre à lire à l'Amour qui est devant
» lui. A côté, Vénus céleste qui est ailée, a le bras

» appuyé sur le bord du pétase de Mercure, et le
» droit étendu touchant de la main les ailes de l'A-
» mour. Le fond est une roche entourée de petits ar-
» bres. »

Le duc d'Orléans avait acheté ce tableau, avec
beaucoup d'autres, des héritiers de don Livio Odes-
calchi, duc de Bracciano, dans le palais duquel il se
trouvait au temps des Richardson père et fils, comme
cela est prouvé par leur ouvrage intitulé : *Description de divers fameux tableaux, dessins, statues, etc.,
qui se trouvent en Italie.* — « Mercure qui enseigne
Cupidon à lire, (dit Richardson fils, en citant les
curiosités les plus remarquables du palais du duc de
Bracciano), est une des plus jolies imaginations du
Corrège. » Voyez le tome III, page 285 de l'ouvrage
qu'on vient de citer.

Selon le témoignage de Saint-Gélais et autres auteurs dignes de foi, le tableau dont il s'agit, avant
d'appartenir au duc de Bracciano, était parmi ceux
pour lesquels la célèbre Christine avait pris tant de
goût qu'elle les emporta à Rome, après avoir déposé
la couronne de Suède. Admirable effet de la puissance de l'art ! Il fut plus facile à cette femme étonnante de se détacher d'un trône environné d'éclat,
que de renoncer à la vue de quelques chefs-d'œuvre.
Les peintures qu'admirait Christine, avaient orné
le palais impérial de Prague, jusqu'à l'époque de la
fameuse guerre de Trente Ans, pendant laquelle
cette ville fut prise et saccagée par l'armée suédoise.

De Prague, le conquérant les fit transporter à Stockholm, où ils restèrent long-temps oubliés.

On peut donc établir ainsi l'historique des divers déplacemens de l'important tableau qui fait le sujet de cette note : d'abord il orna le palais impérial de Prague, puis le palais royal de Stockholm, ensuite le cabinet particulier de Christine, à Rome, d'où il passa dans le palais du duc de Bracciano. De ce palais, il passa dans la galerie du Palais-Royal, à Paris; puis dans le cabinet de M. Willet, à Londres; puis enfin dans la magnifique galerie de M. le chevalier Erard, à Paris.

Cette filiation, basée sur des documens dont chacun peut vérifier l'exactitude, paraîtra sans doute plus satisfaisante que tous les éloges qu'une abondante imagination pourrait fournir; néanmoins on ne peut guère s'abstenir d'y ajouter quelques remarques. Par exemple : la figure de Vénus est d'une si grande beauté, que l'on s'aperçoit facilement, dit un critique judicieux, que le Corrège en la faisant, avait présent à la mémoire l'*Apollino* de la *villa* Médicis, qui est aujourd'hui à Florence. L'Amour respire l'innocence de son âge, il est en outre bien dessiné et peint avec un art infini. Le Mercure, représenté sous les traits d'un jeune homme qui n'a pas encore acquis toute sa croissance, est d'un beau caractère et d'une agréable simplicité. En un mot, tout dans cette peinture charmante, est d'un grand fini, d'une morbidesse extraordinaire, d'un bel empatement et du meilleur goût. La scène a pour fond un

rocher et des arbrisseaux, dont les teintes sont sa-
crifiées de manière à faire ressortir les figures.

Il a été fait plusieurs gravures d'après ce tableau.

12. Sainte-Catherine recevant de deux anges le
prix de sa foi. — *Bois ; hauteur trente-trois pouces,
largeur vingt-huit.*

La jeune martyre est représentée à mi-corps, la
main droite sur le cœur, la gauche appuyée sur un
fragment de roue, symbole de celle qui se brisa mi-
raculeusement, dit la légende, quand on voulut en
faire usage pour le supplice de Catherine. On ne
peut se méprendre à l'expression de cette belle figure : les regards que la sainte élève vers le ciel sont
bien des regards pleins d'amour et d'espérance ; mais
ils révèlent aussi que cet amour a pour unique objet
le dieu que Catherine adore, le dieu auquel elle s'est
unie et dont elle attend son éternel bonheur. Cette
pensée s'explique encore par la présence de ces deux
anges, l'un placé devant la jeune martyre et lui
posant une couronne sur la tête, l'autre placé derrière elle et tenant à la main une branche de palmier, symbole de la gloire des élus.

Ce tableau, qui ne parle pas moins à l'esprit qu'aux
yeux, a été généralement regardé par les amateurs,
non-seulement comme l'un des plus beaux ornemens
de la galerie de M. Érard, mais encore comme un
chef-d'œuvre de peinture. Il est de fait qu'on ne peut
le considérer sans qu'il fasse une impression aussi
vive que profonde. La tête de Catherine réunit au

plus haut degré la naïve candeur d'une vierge , la
ferveur d'une jeune néophyte , la touchante joie d'un
cœur pur et religieux. Le mouvement de la main
droite, par sa coïncidence avec le jeu des traits du
visage , ajoute encore à leur expression. À cet ensemble , à cette pantomime si juste, si significative ,
qui fait que la toile paraît être animée , comment ne
pas reconnaître cette supériorité de mérite qui distingue les peintures où l'âme a eu plus de part que
la main , et qu'on pourrait comparer aux prestiges
des enchanteurs. Le sentiment qui vivifie cette belle
figure ne fait pas seul tout l'attrait du tableau. On
en admire encore l'exécution, le coloris et l'effet :
l'exécution parce qu'elle est en même temps solide
et d'une exquise suavité ; l'effet et le coloris parce
qu'ils s'accordent avec la poésie de la pensée, en offrant tout à la fois le calme , la douceur , la gravité
que demandait le sujet.

13. L'INCRÉDULITÉ DE SAINT-THOMAS. — *Toile ; hauteur trente et un pouces six lignes ; largeur quarante-cinq pouces six lignes.*

Saint-Thomas ayant manifesté aux autres disciples
qu'il ne croirait à la résurrection de son maître, qu'a-
près l'avoir vu et avoir touché ses plaies , il arriva
huit jours plus tard que Jésus-Christ , revenu au milieu de ses apôtres , lui adressa les paroles suivantes :
« Portez votre doigt dans la plaie de mon côté , et ne
» soyez plus incrédule , mais fidèle. »

Tel est le sujet représenté dans ce tableau. Thomas, le corps incliné, regarde et touche la plaie qu'un coup de lance a faite à son maître; pendant ce temps, notre seigneur entr'ouvre ses vêtemens; ses traits sont pleins d'onction. Cette scène n'a ici de témoins que Saint-Jean qui est placé derrière Thomas, et Saint-Jacques dont on voit seulement la tête par dessus l'épaule de Jésus.

Ce tableau est encore un de ceux de la galerie qui ont obtenu la meilleure part dans les éloges, souvent pleins d'enthousiasme, des nombreux amateurs qui l'ont visitée depuis quinze ans. Les sensations qu'il fait éprouver à la vue, a dit l'un d'eux, ressemblent à celles que ferait éprouver aux oreilles, une musique harmonieuse et douce. Il est vrai qu'on ne peut se faire l'idée d'une peinture plus sage, plus flatteuse, où la lumière soit mieux ménagée, le clair obscur mieux entendu; où les couleurs locales soient plus convenablement assorties, et tous les objets plus parfaitement liés entre eux. L'effet de l'air ambiant y est admirablement rendu; on dirait que l'union des teintes a été produite par une fusion, plutôt que par le simple travail du pinceau. Si l'on s'attache ensuite aux caractères des deux figures principales, on trouvera qu'elles semblent penser et agir. Combien il y a d'attention dans l'examen de Thomas, regardant de près et touchant une des plaies de Jésus. Que son action peint bien l'apôtre qui avait dit : « Je ne » croirai à la résurrection du Christ, qu'après l'a- » voir vu, qu'après avoir mis le doigt dans les plaies » des clous, et la main dans l'ouverture de son

» côté. » La figure de Jésus est touchante et parfaitement conçue. La douceur, la bonté, la simplicité
en sont l'expression particulière. Elle peint à merveille l'être sur-humain qui pour tout reproche, se
borne envers un disciple infidèle, à ces paroles si
simples, à cette exhortation si modérée : « Appro-
» chez, touchez ; vous avez cru Thomas, parce que
» vous avez vu ; heureux ceux qui ont cru sans avoir
» vu. »

Il n'est donné qu'aux hommes d'un esprit supérieur, de saisir ainsi les traits distinctifs d'un personnage célèbre, et d'y imprimer en quelque sorte
son histoire.

14. Vénus caressant l'Amour. — *Bois; hauteur
quatorze pouces six lignes, largeur onze pouces.*

Assise sur un lit de repos, sans autre parure que
ses grâces et sa beauté, Vénus presse Cupidon dans
ses bras, et lui donne un des plus doux baisers qu'un
enfant puisse recevoir de sa mère ; mais le petit vo-
lage, les bras passés autour du cou de la déesse,
songe à autre chose qu'aux caresses qu'elle lui fait et
qu'il paraît lui rendre. Il y a dans le sourire qui anime ses lèvres, ainsi que dans le regard vif et malin
qu'il jette sur le spectateur, une autre expression que
celle du contentement ingénu de l'enfance. Les poè-
tes ont dit qu'aussitôt qu'il eut la force de bander
son arc, il le tourna souvent contre le cœur même
de celle qui lui avait donné le jour. Si ce n'est pas
le perfide plaisir d'avoir blessé Vénus, que le peintre

a voulu faire lire dans la physionomie de Cupidon, du moins est-il impossible de ne pas voir qu'il y a imprimé la malice et la ruse. Cet arc, ces flèches dangereuses qui n'épargnent personne, sont à terre aux pieds de la belle et tendre Cypris, s'enivrant de tout ce que l'affection maternelle fait éprouver de délices.

Cette petite scène si vivante, si expressive, qui respire une mollesse, une grâce, un charme tout-à-fait anacréontiques, ne plait pas seulement par le sujet, mais encore parce qu'elle est rendue avec beaucoup d'art et de sentiment, sous le double rapport du coloris et de l'expression. Les figures ont de la saillie ; il y a dans l'ensemble beaucoup d'harmonie et d'effet.

Le lit de repos sur lequel Vénus est assise, est garni de coussins de velours incarnat, et placé sous un baldaquin à rideaux verts, ornés de franges d'or; ce qui donne au fond du tableau, l'aspect d'un de ces riches et secrets boudoirs que la beauté consacre aux tendres rêveries et aux doux entretiens de l'Amour.

On aurait pu s'étendre plus longuement qu'on ne l'a fait, sur le mérite de cette délicieuse peinture; mais on a craint de se rendre fastidieux par des répétitions dans lesquelles il aurait été difficile de ne pas tomber. On ajoutera seulement qu'il en a été fait une petite estampe en Allemagne, lorsqu'elle appartenait au comte Bendinelli de Vienne. On en connaît une autre estampe lithographiée à Paris, par M. Grévedon ; et tout récemment encore, il en a été fait un dessin qu'on se propose de graver. Le burin a sur la plume un grand avantage quand il s'agit de traduire un tableau.

CORTONE (Piétro Berrettini, dit il).

15. Élie et la veuve de Sarepta. — *Toile ; hauteur soixante-dix-sept pouces, largeur cinquante-deux pouces neuf lignes.*

Le saint prophète, tout près d'arriver à Sarepta, où Dieu lui avait annoncé qu'il trouverait chez une pauvre veuve de quoi se nourrir, rencontre cette femme ramassant quelques morceaux de bois, et la prie de lui donner à boire et à manger. Un enfant encore en bas âge, prête à sa mère le peu de secours dont il est capable.

Le Cortone est parfaitement entré dans l'esprit de ce sujet, et le mode qu'il a choisi pour le traiter, est un mode simple et grave, qui l'obligeait à modérer l'éclat de son coloris. Les poses de ses figures, quoique contrastées suivant son usage ordinaire, sont aisées et naturelles ; en un mot, de toutes les productions de ce maître qui sont à Paris, celle-ci est une des plus étudiées et des meilleures. La veuve intéresse surtout par son air d'humilité et de charité. Représentée à genoux et se tournant vers le prophète, qui est supposé lui demander à boire et à manger, cette femme le regarde avec tant d'expression, qu'on lit sur son visage et le désir qu'elle éprouve d'accorder le secours qu'on lui demande, et le regret qu'elle a de n'être pas en état de le faire, à cause de son excessive pauvreté. L'enfant tient dans ses bras de petits morceaux de branches d'arbres desséchées qu'il vient de ramasser. Ces deux figures doivent un grand relief à la vigueur du paysage qui leur sert de fond. Dans le lointain on aperçoit la porte de la ville de Sarepta.

Pietre de Cortone, au jugement de Lanzi, doit être regardé comme le modèle et le créateur d'un style auquel Mengs a donné le nom de *facile et élégant*.

16. CORIOLAN. — *Toile ; hauteur cinquante-deux pouces six lignes, largeur soixante et onze pouces.*

Après avoir reçu en vainqueur implacable, les deux députations de consulaires et de pontifs que Rome épouvantée venait de lui envoyer, Coriolan est enfin désarmé par les larmes et les prières de sa mère et de son épouse, et, renonçant à poursuivre ses victoires, il met un terme à sa vengeance. Tel est le sujet de ce beau tableau.

Coriolan est représenté assis sur un trône, au milieu des capitaines de son armée. Devant lui se prosternent des dames romaines, ayant à leur tête Véturie, mère du vainqueur, et Volumnie son épouse. Ces deux dernières sont debout, deux enfans en bas âge accompagnent Volumnie.

Il y a dans l'ordonnance de cette composition, un

certain luxe bien propre à flatter les yeux. Elle se distingue également par l'*opposition des groupes avec les groupes, des figures avec les figures, des détails avec les détails*, art dans lequel excellait le Cortone, et qui annonce toujours le peintre d'un mérite éminent.

17. LA NAISSANCE DE LA VIERGE. — *Toile ; hauteur quatre-vingt-dix-neuf pouces, largeur soixante-quatorze.*

Trois jeunes femmes sont occupées à emmailloter l'enfant. Une d'elles le tient sur ses genoux et reçoit des mains d'une autre la bande de toile dont elle se sert pour l'envelopper ; la plus jeune des trois soutient la tête de la Vierge qui est couronnée d'étoiles. A la gauche du tableau est une quatrième femme qui apporte un vase. Du côté opposé, on voit Sainte-Anne dans son lit ; son visage exprime tout-à-la-fois la douleur et la joie : près d'elle est une servante qui lui présente des œufs. La scène se passe dans un appartement qu'éclaire une grande ouverture, par où l'on aperçoit un paysage enrichi de fabriques. Les figures sont de grandeur naturelle.

A un coloris brillant et analogue à l'alégresse que cause la naissance de Marie, s'unissent ici toutes les autres qualités qui distinguent ordinairement les plus belles pages de l'auteur.

DEL SARTO (ANDREA VANNUCCHI, dit Andrea).

18. LA VIERGE MARIE ET L'ENFANT JÉSUS ACCOMPAGNÉS DE SAINT JEAN-BAPTISTE. — *Bois ; hauteur vingt-cinq pouces , largeur vingt.*

Cette peinture n'est évidemment qu'un ouvrage de la jeunesse d'André del Sarte ; néanmoins les beautés qu'on y remarque et sa conservation parfaite autorisent à la regarder comme très-précieuse. C'est d'ailleurs une de ces productions qui marquent les différentes phases du talent d'un grand maître. Dans l'étude des arts libéraux , il y a beaucoup de degrés à franchir pour arriver à la perfection ; et si l'on en croit plusieurs historiens , à commencer par Vasari, les progrès d'André , loin d'être soudains comme ceux de quelques autres peintres , ne se développèrent que successivement, et dans le cours d'un certain nombre d'années , pendant lesquels il forma son goût d'après les cartons de Michel-Ange et de Léonard de Vinci.

La Vierge , représentée assise et vue à mi-corps , occupe le milieu du tableau , et , suivant l'ancien usage , fait face au spectateur. Sur ses genoux dort profondément le petit Jésus qu'elle soutient de son bras droit ; la tête de cet enfant est des plus jolies , très-délicatement peinte et d'une belle carnation. A la gauche de Marie est placé saint Jean-Baptiste , aussi en bas âge , et considérant avec une attention mêlée d'amour et de respect, celui dont il doit un jour proclamer la charité ineffable et la glorieuse mission. On ne voit de cette dernière figure, que la partie supérieure du corps ; la figure de Jésus est entière.

C'est particulièrement dans les airs de tête de la Vierge et du petit Saint Jean-Baptiste, qu'on devine le pinceau d'André del Sarte. On le découvre aussi dans le coloris des chairs et dans la conformation des plis des draperies. La tête de Jésus rappelle par la finesse de l'exécution, celles de Léonard. Mais les contours en général sont plus arrêtés que dans les ouvrages qui distinguèrent plus tard le talent facile du célèbre del Sarte.

DOMENECHINO (Domenichino Zampieri, communément appelé il).

19. Le Martyre de Saint-Sébastien. — *Toile ; hauteur quarante-sept pouces, largeur trente-cinq.*

Le défenseur de l'église romaine, les bras attachés à un tronc d'arbre, et déjà percé d'une flèche dans le côté gauche, tourne avec confiance ses regards vers le ciel, et offre au seigneur le sacrifice de ses souffrances et de son martyre.

Cette figure, peinte jusqu'à mi-cuisse et dans les dimensions du corps humain, est d'un dessin étudié, d'un grand relief, et remplie d'expression. À l'empreinte de douleur qui se manifeste à peine dans les traits de Sébastien, s'allient les signes d'une constance héroïque, et le sentiment précurseur de la félicité à la quelle il aspire, et qui doit être le prix de sa foi.

DUGHET (Gaspero).

20. Paysage. — *Toile ; hauteur cinquante-deux pouces , largeur soixante-dix-neuf.*

Ce point de vue dont les campagnes de Rome ont probablement fourni le dessin à Dughet, et que sa riche palette a embelli des couleurs du printemps , offre au spectateur et presque à vue d'oiseau, une immense étendue de pays. Les plans lointains, parsemés de maisons, de villages, de taillis et de côteaux, se terminent à l'horizon par des montagnes. A l'avant-scène, se voient diverses figures peintes par le Cortone, les unes occupées aux cérémonies d'un sacrifice payen , les autres assistant à sa célébration.

Ce beau tableau ornait autrefois le palais Massimi, à Rome. Il est rare d'en rencontrer qui soient aussi capitaux et d'une aussi grande fraîcheur de coloris. Le sujet dont le Cortone s'est plu à l'enrichir en relève encore l'intérêt , et en fait un paysage historique.

21. Paysage. — *Toile ; hauteur vingt-six pouces , largeur trente-quatre pouces neuf lignes.*

Ce tableau n'étant animé par aucunes figures, on a eu l'idée que ce pouvait être une de ces études achevées, faites d'après nature, et dont les auteurs refusent assez ordinairement de se démunir. Nul doute, du reste, que ce ne soit encore la peinture

(45)

d'une vue prise dans les environs de Rome ou peut-
être de Tivoli, où l'on sait que le Gaspre avait une
maison de campagne. C'est un de ces sites où la nature se montre sous un des plus beaux aspects.

Devant le spectateur s'ouvre un riant vallon, richement orné de masses d'arbres, et rafraîchi par
une rivière dont une petite cascade égaie le cours,
vers le milieu du tableau. Au delà de cette rivière,
derrière de beaux bouquets de verdure, s'élève une
colline sur la crête de laquelle on distingue plusieurs
fabriques ; là se termine à main gauche, un des côtés
du point de vue. De l'autre côté, les yeux parcourent
encore plusieurs plans lointains, qui vont se confondre
avec l'horizon, dans la vapeur blanchâtre d'une belle
matinée.

GAROFILO (Benvenuto Tizio, dit il).

22. La nativité de Jésus. — *Bois ; hauteur dix-sept
pouces six lignes, largeur onze pouces trois lignes.*

Le nouveau né étendu par terre, sur un peu de
linge, dort paisiblement entre un Ange et la vierge
Marie, l'un et l'autre à genoux près de lui. L'Ange
tient un suaire et une couronne d'épines qu'il semble vouloir montrer à la mère de Jésus. Celle-ci les
mains jointes, les yeux fixés sur son divin fils, le
contemple, l'adore, et fait céder les mouvemens de
son cœur à la vénération dont son âme est pénétrée.
Sur un nuage, dans la partie supérieure du tableau,

est un cœur d'anges , tenant dans leurs mains une
lance , une croix et tous les autres symboles des instrumens qui servirent à la passion du Christ. Saint-
Joseph debout , en arrière de son épouse , a le corps
appuyé contre les ruines d'un antique édifice. Ses regards sont arrêtés sur la couronne d'épines ; un triste
pressentiment est venu troubler la paix de son
âme.

On aurait beaucoup de choses à louer dans ce joli
tableau , si l'on n'en était dispensé par le nom de l'auteur. On aurait aussi beaucoup à penser pour découvrir l'idée qui en a fourni le sujet. Il importe seulement de dire que cette religieuse scène rappelle à
la fois le rédempteur naissant dans la pauvreté , et
destiné à mourir dans les souffrances et par le supplice des criminels.

GUERCINO (Giovanni-Francesco-Barbieri , dit il).

23. Agar renvoyée par Abraham. — *Toile ; hauteur
soixante-trois pouces , largeur soixante-douze.*

La servante d'Abraham , chargée de son petit bagage , se tourne une dernière fois vers son maître ,
et d'un œil tendre et suppliant , semble lui demander
la révocation d'un ordre qui la pénètre de douleur et
de désespoir. Aux pieds de sa triste mère , est Ismaël
qui se charge du peu de provisions nécessaires à leurs
premiers besoins. Sara et Isaac , placés derrière le
patriarche , voient de sang-froid le départ d'Agar et
de son fils. Toutes ces figures sont représentées en

pied et de grandeur naturelle ; toutes ont de l'expression.

Ce tableau n'est point un de ceux dont le coloris, tantôt noirâtre, tantôt *carravagesque*, n'a rien de satisfaisant pour la vue. Loin de là, les teintes en sont fraîches et contribuent beaucoup au relief des figures ; il est même évident que le Guerchin, à l'époque où il le peignait, mettait à profit les grandes leçons qu'il avait puisées dans les brillantes productions de l'école vénitienne, et tendait à se rapprocher de la suavité des peintures du Guide.

24. LA MORT DE SAINT-SÉBASTIEN. — *Toile ; hauteur soixante-huit pouces, largeur soixante-et-un.*

Le corps du saint Martyr étendu par terre, est l'objet des soins religieux d'Irène, qui s'occupe avec sa suivante à en détacher les flèches. Ce tableau est de la première manière de l'auteur. Il y a du sentiment dans les têtes ; l'exécution atteste beaucoup de facilité.

GUIDO RÉNI.

25. SAINT-JOSEPH TENANT L'ENFANT JÉSUS DANS SES BRAS. — *Toile ; hauteur trente pouces, largeur vingt-quatre.*

L'époux de Marie représenté à mi-corps, regarde son fils adoptif avec toute la tendresse qui peut attacher un père à ses propres enfans. Le petit Jésus étendu sur les bras du bon vieillard, lui passe la main droite sous sa longue barbe, et répond des yeux à son affection. De la main gauche il tient un bout de fil auquel est attaché un oiseau, qui prend son vol pour s'échapper.

Ces deux figures semblent vivre. On ne peut rendre avec plus de fidélité, ni la joie naïve qui donne tant de grâce au sourire de l'enfance, ni ce que ressent l'âme d'un bon père qui caresse un fils bien aimé.

26. DAVID VAINQUEUR DE GOLIATH. — *Toile ; hauteur trente-cinq pouces neuf lignes, largeur quarante-cinq pouces six lignes.*

Le jeune et vaillant berger est peint à mi-corps, et relevant de la main droite un des pans du manteau qui lui couvre les épaules; de la main gauche, il tient posée sur un piédestal de pierre, l'énorme tête du trop orgueilleux géant dont il vient de triompher. Son attitude est celle du repos; la pensée est empreinte sur son front; il s'applaudit intérieurement de sa victoire, ou il réfléchit sur la puissance du dieu d'Israël. La grande épée de Goliath est appuyée contre le piédestal. Ces figures se détachent en partie sur un ciel clair, en partie sur les plans lointains d'un paysage. Celle de David a les dimensions ordinaires de la nature.

Un beau pinceau, des contours élégans, une pose à la fois simple et noble, de l'éclat dans le coloris, telles sont les qualités qui recommandent ce tableau à l'attention des connaisseurs.

JORDANO (Lucas).

17. LE COURONNEMENT D'ÉPINES. — *Toile ; hauteur soixante-huit pouces, largeur soixante-huit.*

Cette belle page est exécutée dans le goût du Titien ; elle nous offre une preuve évidente du talent peu commun, avec lequel Lucas Jordano sut prendre le caractère pittoresque de chacun des grands maitres qui l'avaient précédé. Nous rapporterons, comme témoignage plus convaincant encore de ce singulier talent, une anecdote que nous empruntons à d'Argenville, et dont le hazard nous a mis à même de reconnaître la vérité. Jordano faisait à Madrid, des pastiches qui trompaient les plus fins connaisseurs de ce temps-là. Un Prieur de chartreux assez vain pour se croire plus de tact que n'en avaient les autres, le défia de contrefaire Albert Durer. Lucas se met à l'ouvrage, peint un petit tableau dans la manière du célèbre Allemand, et le fait présenter au Prieur. Celui-ci l'acheta 600 écus, et plaida inutilement pour faire annuler le le marché auquel sa méprise avait donné lieu. Cette pastiche, ou du moins une pastiche du même genre, faisait partie de la collection du comte de la Forêt, vendue par nous en 1821. Le couronnement d'épines dont il s'agit ici, est une des belles productions de l'auteur, un morceau curieux et digne d'être admis dans un musée.

Ce tableau est composé de six figures, les unes à mi-corps, les autres vues jusqu'aux genoux. L'Homme-Dieu est représenté assis, un roseau à la main, et

endurant avec une sublime résignation les souffrances que lui cause la couronne qu'un des soldats
lui pose sur la tête.

JULES ROMAIN.

28. L'ENFANCE DE JUPITER. — *Bois; hauteur trente-
neuf pouces, largeur soixante-six.*

Ce tableau a tenu un rang distingué parmi ceux
qui composaient la fameuse collection des ducs d'Orléans, gravée sous le titre de *Galerie du Palais-
Royal*. On le trouve cité dans l'*Abrégé de la vie des
plus fameux peintres*, et décrit dans un catalogue (1)
qui fut publié dès 1720, par Dubois de Saint-Gélais.
Mais quelque brillans que soient ces titres, ils lui im-
priment moins d'éclat et de valeur que les charmes
que l'art même y a répandus. Jules-Romain, partisan
du grand style de Michel-Ange, n'a pas toujours
aussi complètement réussi dans les sujets qui demandent de la grâce et de l'aménité, témoin entr'autres,
son tableau de Vénus et de Vulcain, qu'on voit au
Musée royal.

Dans une petite île tapissée de verdure, des nymphes réunies à des corybantes, prennent soin de l'enfance de Jupiter, que Rhéa, sa mère, leur a confié
pour l'élever. Le jeune dieu, couché sur un linge
dans un berceau formé de branches entrelacées,
vient de fermer les yeux et de s'endormir. Deux des

(1) Description des tableaux du Palais-Royal, p. 275.

nymphes le couvrent d'un léger voile ; une autre , au pied du berceau, se tourne vers trois de ses compagnes pour les avertir du sommeil de leur divin nourrisson. Ces dernières , assises à main gauche sur le bord de l'eau qui embrasse leur île , sont accompagnées de deux curètes, ou prêtres de Cybèle , et tiennent ainsi qu'eux , des instrumens dont elles font usage pour empêcher que les cris de l'enfant ne parviennent jusqu'aux oreilles de Saturne. A main droite, est un autre groupe composé de trois nymphes assises sur la rive, et d'un jeune homme sonnant de la trompe.

A l'extrémité de la petite île , s'élève un bouquet d'arbres auxquels pendent en festons des vignes chargées de leurs fruits.

Le commerce, dans quelque pays que ce soit , ne fournirait vraisemblablement pas un second tableau de Jules-Romain, aussi authentique, aussi capital, aussi agréable que celui que nous venons de décrire ; et cette dernière qualité nous semble d'autant plus précieuse ici , qu'elle n'est pas toujours le partage des productions de l'auteur, comme nous l'avons observé quelques lignes plus haut. Toutefois l'amabilité , la finesse et les autres agrémens qui plaisent dans ce tableau n'en ont exclu ni l'élévation, ni la sublimité; la symétrie même qui y règne dans l'arrangement des figures, ne leur ôte ni la vie, ni l'action.

Ces figures, hautes à peu-près de 19 pouces, sont dessinées dans le goût de l'antique pour lequel Jules Romain avait une grande propension. Quant à la

couleur, elle est d'une fraîcheur exquise, d'une vérité *titienesque*, ce qui est encore ici une particu-
larité très remarquable.

LIBERI (Le Chevalier Pietro).

29. Sujet tiré de la Mythologie. — *Toile ; hauteur
soixante pouces, largeur soixante-six.*

Ce tableau, composé de trois figures, représente
deux femmes dont l'une a des ailes et résiste à un
homme qui la tient dans ses bras. Serait-ce Minerve
métamorphosant Coronis en corneille pour la sous-
traire aux importunités de Neptune? Cela n'est pas
vraisemblable, attendu qu'on ne représente pas Minerve avec une mèche de cheveux sur le front,
symbole ordinaire de la fortune ou de l'occasion.
Nous laissons à un autre OEdipe l'honneur d'expliquer ce sujet.

PALMA (Jacopo, dit le vieux).

30. La Sainte Famille accompagnée de Sainte Éli-
zabeth, de Sainte Catherine, de Zacharie et du
petit Saint Jean-Baptiste. — *Bois ; hauteur cinquante-trois pouces six lignes, largeur soixante-
cinq pouces six lignes.*

Tous ces saints personnages, les deux enfans ex-
ceptés, sont assis à terre et rangés en ligne sur le
devant d'un paysage. Cet arrangement symétrique,
reste du style ancien, était encore usité par différens
peintres de l'époque du vieux Palme, et souvent par

lui-même. La Vierge est au milieu du tableau. A sa droite on voit Sainte-Élisabeth sa cousine, et Saint-Joseph ; à sa gauche Sainte-Catherine et Zacharie. Ce bon vieillard soutient le petit Saint-Jean agenouillé devant le fils de Marie. Celui-ci debout sur les genoux de sa mère saisit d'une main la croix du Précurseur. Les deux figures d'Élisabeth et de Catherine sont un peu en arrière des autres.

Ce beau tableau est remarquable par la transparence et la vivacité des couleurs, l'union des teintes et le fini. Ces qualités sont celles qui distinguent en général les productions du vieux Palme, peintre dont on confond quelquefois le nom avec celui de son neveu qui fut élève du Titien.

PARMIGIANINO (Francesco Mazzoli, dit le).

31. La Vierge et son fils avec plusieurs autres saints personnages. — *Bois ; hauteur vingt-huit pouces trois lignes, largeur vingt-deux pouces six lignes.*

L'enfant Jésus, assis sur les genoux de sa mère, se prête d'un air distrait aux caresses du petit Saint Jean. Un vieillard représenté un peu plus qu'en buste et le coude appuyé sur un livre ouvert, est à la gauche de Marie ; à sa droite est Madeleine tenant un vase à parfums : ses cheveux blonds flottent sur son sein. Quel est ce vieillard ? est-ce Saint Joseph ? est-ce un des prophètes qui ont annoncé la venue du Messie ?

Un pareil tableau fait parti de la galerie de Florence; mais on sait qu'il est arrivé au Parmesan de répéter ses compositions. On a vu dans un temps au Musée du Louvre deux tableaux de sa main, tout-à-fait semblables, excepté dans les dimensions seulement. On compte aussi plusieurs répétions de son tableau représentant l'amour qui taille son arc.

Dans celui dont je viens d'expliquer le sujet le pinceau nous plait doublement, et par ses touches vives et heureuses et par son beau fini. Les figures nous charment davantage encore par leur grace et leur élégance. Ces deux qualités qui distinguent le style de Parmigianino ont fait regarder ce peintre comme l'un des plus beaux génies de son temps.

32. Sainte Marguerite et autres saints personnages honorant Jésus et sa mère. — *Toile ; hauteur quatre-vingt-quatre pouces, largeur cinquante-quatre.*

Sainte Marguerite, à genoux devant Jésus que la Vierge tient dans ses bras, mêle aux caresses qu'elle fait à cet enfant, le sentiment d'une pieuse vénération. Auprès de l'heureuse Marguerite, à la gauche de Marie, sont placés un ange tenant une croix, et le solitaire Jérome, l'un des plus ardens défenseurs de l'église. A la droite de la Vierge, on voit un évêque dans l'attitude d'une personne qui est en adoration.

Parmigianino, nommé dans ce pays-ci le Parmesan, est, après le Corrége, le peintre le plus renommé de l'école de Parme. Les caractères qui constituent particulièrement son style , sont l'élégance et la grâce. Dans le tableau dont on vient de donner la description , les figures de la Vierge et de Marguerite sont aussi sveltes que belles ; les traits calmes de leurs visages expriment clairement la paix d'une âme pure. La tête de l'ange et celle de Jésus sont on ne peut plus gracieuses. On a remarqué que les personnages qu'embellit l'éclat de la jeunesse, sont ceux auxquels le Parmesan a particulièrement communiqué le charme inexprimable qui découlait de son pinceau. Cependant les figures de l'évêque et du savant Jérôme , la première représentée dans la vigueur de l'âge, l'autre portant toutes les marques de la vieillesse, sont encore dignes d'éloges , et concourrent à faire de ce tableau une frappante image des quatre âges de la vie.

33. LA VIERGE ET SON FILS. — *Bois; hauteur seize pouces , largeur douze.*

Marie assise à côté du berceau de Jésus endormi , se livre au doux plaisir de le contempler.

Esquisse attestant une grande facilité d'exécution.

PERRIN DEL VAGA.

34. LA SAINTE FAMILLE , SAINTE ELIZABETH ET SON FILS. *Bois ; trente pouces , largeur vingt-trois.*

La Vierge debout, soutient l'Enfant-Jésus , auquel sainte Elizabeth présente saint Jean-Baptiste. Les deux cousines voient avec satisfaction dans la sympathie qui se manifeste entre ces deux enfans, les premiers signes qui doivent unir le Messie à son précurseur. La mère de ce dernier est assise par terre. Saint Joseph, un peu à l'écart, est accoudé sur un stylobate, et paraît méditer sur la scène dont il est témoin.

Toutes ces figures, que le peintre a placées au milieu d'un vieil édifice, sont d'un grand goût de dessin ; elles rappellent aux connaisseurs la plus belle époque de l'art et tout à la fois la plus grande école de peinture des temps modernes. Marie vue de profil, réunit aux attraits de la jeunesse le charme touchant d'une modeste simplicité. Dans Sainte Elizabeth on voit une femme déjà avancée en âge, mais conservant encore des traces de beauté. Dans les caresses innocentes de Jésus et de Saint Jean, on aime à retrouver cette gentillesse, cette naïveté qui donnent tant de grâce à l'enfance. Voilà sans doute un sujet bien simple, et cependant on le contemple avec plaisir, parce qu'il rend la nature avec une extrême fidélité.

PERUGIN.

35. L'Enfant-Jésus exposé a la vénération de plusieurs saints personnages. — *Bois ; hauteur soixante-quatorze pouces, largeur quarante.*

Nouveau né et couché par terre, le fils de l'homme est l'objet d'une grande vénération. Autour de lui sont rangés en demi-cercle et à genoux la vierge Marie et son époux, le précurseur, Saint Jérôme, Saint Maurice, un autre personnage qui pourrait être le portrait du donateur, et enfin trois anges ayant entre les mains des emblêmes de la passion. D'autres anges, supportés par un nuage au-dessus de la scène, célèbrent par des hymnes l'ineffable bienfait de la rédemption.

On ne peut disconvenir que la disposition des figures de ce tableau, ne se ressente beaucoup du style gothique des anciens maîtres. Il manque en outre de clair obscur. Mais ces défauts qui sont généralement ceux de l'époque où vivait l'auteur, sont rachetés par des airs de têtes pleins de vérité, par une grande propreté de pinceau et beaucoup de pureté dans le coloris. En définitive, c'est un tableau très-remarquable et très-rare.

PESARÈSE (Simone Cantarini, dit il.).

36. La Fuite en Égypte. — *Toile ; hauteur vingt-cinq pouces six lignes, largeur quarante-un pouces.*

Accompagnée de huit anges qui l'escortent et veillent à ses besoins, la Famille Sainte vient de s'arrêter dans un lieu solitaire, pour se reposer et prendre un frugal repas. Déjà deux des célestes messagers étendent une nappe sur le gazon ; pendant ce temps un troisième suspendant son vol devant le fils de Marie, lui présente une branche de palmier. Les autres cueillent des fleurs et des fruits, ou sont occupés avec Saint Joseph à débâter l'humble monture dont Marie se sert pour voyager.

C'est une agréable fiction que celle de ces enfans ailés qui servent de cortége à la Sainte Famille,

veillent à ses besoins et s'empressent de la servir :
beaucoup de peintres y ont eu recours avant le Pé-
sarèse, et, comme lui, ont su faire d'un sujet simple
par lui-même un sujet riant et flatteur.

PULIGO (Domenico).

37. LA VIERGE, L'ENFANT-JÉSUS ET SAINT JEAN-BAP-
TISTE. — *Bois ; trente-deux pouces, largeur qua-*
rante-deux.

Le coloris de ce tableau égale celui des meilleures
productions d'André del Sarte ; il charme en outre
par l'air de noblesse et de dignité que Puligo a imprimé dans toute la personne de Marie. Cette figure
est représntée jusqu'aux genoux, le regard abaissé
sur le jeune précurseur. Celui-ci, placé à la droite de
la Vierge, contemple son petit cousin qui est debout
sur les genoux de sa mère.

Les ouvrages de Puligo rappellent dans beaucoup
de parties ceux de Del Sarte, dont il fut, au dire
des critiques les plus judicieux, non-seulement le
meilleur élève, mais encore le plus fidèle imitateur.

RAFFAELLO-SANZIO.

58. LA VIERGE ET SON FILS AVEC DEUX ANGES. — *Bois ;*
hauteur vingt-huit pouces, largeur dix-neuf pouces
six lignes.

Raphaël étant très-jeune fit quelques tableaux
dans le goût du Perugin ; il en avait saisi le style, et
presque tout leur était commun en peinture : même

dessin, mêmes airs de têtes , mêmes draperies, même ordonnance et même coloris. Plus tard advint le contraire. Le Perugin resté fort au-dessous de son élève , qui avait pris un vol d'aigle , chercha à s'en rapprocher. Il résulte nécessairement de cette double circonstance , que parmi les ouvrages de Raphaël il y en a plusieurs qui diffèrent très-peu de ceux de son maître. C'est dans cette classe qu'il faut ranger celui-ci , si l'on s'en rapporte à la marque qui s'y trouve à côté du millésime.

Du reste , c'est une peinture très-naïve qui charme par l'agrément des têtes , ainsi que par l'éclat du coloris.

Ce tableau a pour fond un paysage. Sur le devant est un trône où la Vierge-Marie est représentée assise et portant son divin fils sur ses genoux. L'Enfant tient de la main droite le voile de sa mère. Deux anges , l'un joignant les mains , l'autre croisant ses bras au-dessous de sa poitrine , sont debout aux deux côtés du trône. Dans leur posture ainsi que dans leurs traits se manifeste le sentiment de la profonde vénération que leur inspirent le Sauveur et sa mère.

39. MISE AU TOMBEAU. — *Toile ; hauteur soixante-cinq pouces, largeur soixante-cinq.*

Si ce tableau est une répétition de Raphaël, comme le croient plusieurs connaisseurs , c'est une peinture inestimable. Si ce n'est qu'une traduction faite par Jules Romain , d'après un ouvrage de son maître, c'est encore une chose infiniment précieuse. Ce qui sera évident pour tout le monde, c'est que la composition de ce tableau est sublime, que le sujet en est traité d'une manière éminemment judicieuse et savante ; que le caractère de chaque personnage est parfaitement tracé ; chaque action parfaitement juste ; que de l'ensemble, de l'effet de la scène sort pour ainsi dire un accent de douleur si pathétique, que l'âme ne peut s'empêcher d'en être émue. Ce qu'enfin personne ne contestera, c'est que le dessin est d'une pureté qui rappelle les chefs-d'œuvre du ciseau grec.

Saint Jean et Nicodème, rendant les derniers devoirs à leur maître, et se disposant à le placer dans le sépulcre de pierre où il doit reposer jusqu'à sa résurrection, le soutiennent dans le linceul qui doit servir à l'envelopper. Derrière ce groupe sont représentées les saintes femmes qui assistèrent à la mort de Jésus. On reconnait Madeleine à l'excès de sa douleur ; elle est près du corps inanimé de l'homme juste et compatissant, de l'Homme-Dieu, auquel elle avait voué toutes ses pensées, toutes ses affections. Les autres femmes entourent la Vierge Marie, qui s'évanouit dans leurs bras, et lui prêtent leur appui. Joseph d'Arimathie et un autre disciple assistent à cette funèbre cérémonie. On aperçoit dans le lointain le Mont du Calvaire.

Qu'on nous permette de le répéter : ce tableau est sublime comme expression, comme dessin. Quelle sagesse, quelle simplicité dans une scène aussi terrible ! et néanmoins avec quelle admirable vérité elle nous offre l'image de la vie, du respect, de la douleur et de la mort !

ROSSO (le).

40. LE PRÉCURSEUR JEAN, BAPTISANT JÉSUS FILS DE MARIE. — *Bois ; hauteur vingt-neuf pouces, largeur trente-cinq pouces six lignes.*

Jésus, dépouillé de ses vêtemens et debout dans les eaux du Jourdain, reçoit le baptême des mains de Jean-Baptiste. Dans le haut du tableau est représenté l'Éternel apparaissant dans les airs sur de légers nuages ; ce qui nous rappelle ces mots du Nouveau-Testament : « Comme Jésus sortait de l'eau, le ciel » s'ouvrit et on entendit une voix qui dit : Vous êtes » mon fils bien-aimé, etc. »

On compte dans cette composition quatorze figures des deux sexes, dont les unes rappellent l'élégance du Parmesan, les autres le savant dessin de Michel Ange.

SALVATORE ROSA.

41. PAYSAGE. — *Toile ; hauteur vingt-huit pouces, largeur trente-six.*

A main droite, trois soldats causant ensemble sont réunis en un groupe sur le premier plan ; un quatrième est sur le bord d'une rivière avec un batelier, qui par un geste indicatif de la main semble lui montrer deux autres personnages qui se reposent sur un monticule dominant le bord opposé. Des arbres dont plusieurs sont privés d'une partie de leurs branches, d'énormes rochers, des collines arides, un terrain inégal et sans apparence de culture ; voilà ce que nous offre encore à notre droite ce paysage de Salvatore ; à notre gauche, une rivière baigne et rafraîchit la campagne.

Salvatore, dans les différens genres de peinture qu'il a cultivés, n'a rien emprunté de ses devanciers ni de ses contemporains. Pinceau, coloris, invention, tout lui appartient dans ses tableaux ; son style est l'expression de son propre génie. On a de sa main des paysages d'un aspect riant ; mais ils sont rares ; il était plus dans son goût de peindre des antres, des terrains bouleversés et stériles, d'âpres montagnes, des amas de rochers, des arbres dépouillés de leurs branches ou abattus, en un mot tout ce que la surface de la terre offrait d'extraordinaire ou de sauvage.

SCHEDONE (Bartolomeo).

42. La Nativité. — *Toile ; hauteur cinquante-sept pouces, largeur quarante-cinq pouces neuf lignes.*

De tous les tableaux de Schedone que nous avons vus dans des cabinets d'amateurs, aucun, si nous avons bonne mémoire, ne peut être comparé à celui-ci pour la richesse de la composition. De plus, c'est un de ceux où se montre, presque sans mélange, le style *corrégesque* qu'on admire dans certaines productions de l'auteur. Il y a dans la couleur de l'effet, de l'harmonie et une sorte de gravité. Les personnages

aussi variés dans leurs attitudes que dans leurs physionomies, concourrent merveilleusement à l'unité
d'action, c'est-à-dire, à cet accord de sentiment, de
foi vive et d'humilité, à cet ordre, à ce pieux silence
que commande le sujet.

Couché sur un peu de paille dans la crèche de
l'étable où il vient de naître, le Messie est entouré
de quatre vieux bergers, qui sont venus des campagnes de Bethléem pour lui faire des offrandes et
l'adorer. Deux de ces hommes à genoux aux deux
côtés de la crèche, donnent à l'enfant divin le premier témoignage de la croyance religieuse qui est
l'objet de son auguste mission. Les deux autres bergers, encore debout, semblent attendre le moment
de s'approcher à leur tour de cet enfant si désiré, et
de lui faire l'hommage d'un agneau que l'un d'eux
porte sur son dos. Pendant ce temps, la Vierge assise
près de son fils, lui soutient la tête de son bras gauche, veille sur lui et ne se rassasie point du plaisir
de le contempler. Le petit Saint Jean agenouillé en
avant de la crèche et en face de Marie, paie aussi le
tribut de sa vénération à celui qu'il est venu annoncer. A la porte de l'étable se présentent trois autres
bergers, parmi lesquels se trouve une jeune femme
qui semble faire une question à Saint Joseph. Quatre
anges se voient encore dans le haut du tableau, et dé-
ploient une banderole portant les mots sacrés : *Gloria in excelsis Deo.*

43. LA SAINTE FAMILLE ET LE JEUNE SAINT JEAN-BAPTISTE. — *Toile ; hauteur vingt pouces, largeur dix-sept.*

Un tableau est doublement précieux quand à une extrême rareté il joint un grand nom et un mérite réel que personne ne peut contester. Cette remarque peut s'appliquer aux ouvrages de Schedone.

Celui-ci représente la Vierge, Saint-Joseph, l'Enfant Jésus et Saint-Jean-Baptiste. Jésus, assis sur l'entablement d'un mur à hauteur d'appui, tient une croix dans ses bras, et prête l'oreille aux paroles du précurseur, qui est debout derrière lui. Marie et son époux, dont la partie inférieure du corps est cachée par le mur, sont tournés l'un vers l'autre et semblent se parler. Les traits de Marie respirent la candeur la plus parfaite ; dans Saint-Joseph est personnifiée la bonté même. C'est toute une famille pauvre, mais heureuse parce qu'elle jouit de la paix du cœur.

Cette charmante production de Schedone est une de celles où se manifestent clairement les études sérieuses qu'il avait faites d'après le Corrège. L'exécution en est facile et suave, le coloris est d'une grande force, les figures réunissent une simplicité touchante à un agrément infini.

44. AUTRE SAINTE FAMILLE. — *Cuivre forme ronde ; diamètre treize pouces six lignes.*

Saint-Joseph et son épouse assis l'un à côté de

l'autre, tiennent les deux extrémités d'un livre dans lequel ils font lire Jésus. L'enfant bien-aimé, assis sur les genoux de sa mère, suit sa leçon du doigt avec beaucoup d'attention. Cette petite scène, tout-à-fait gracieuse, a lieu sur le devant d'un paysage.

SEBASTIANO DEL PIOMBO (Sebastiano Luciano, dit).

45. Guérison miraculeuse opérée par la Sainte-Vierge. — *Toile; hauteur quatre-vingt-seize pouces, largeur soixante-douze.*

Pour comprendre le sujet de ce tableau il faut être au fait de la tradition suivante.

Deux époux bien unis et craignant Dieu avaient eu la douleur de perdre un enfant en bas âge sur deux que le ciel leur avait accordés. Celui qu'ils conservaient, et qui était parvenu à l'adolescence, leur devenait de jour en jour plus cher ; c'était un modèle de piété filiale ; son cœur et son esprit étaient parfaits ; il répandait le bonheur autour de lui. Hélas ! une maladie grave survient, et la mort plane sur la tête d'un fils presqu'adoré.

Dans leur affliction, qu'il serait difficile d'exprimer, le père et la mère invoquent la sainte Vierge ; fille des rois d'Israël, bienheureuse mère de Jésus s'écrient-ils d'une voix fervente, abaisse un seul de tes regards sur cette victime innocente, afin qu'elle vive encore pour t'honorer.

A peine cette courte prière s'est elle élevée de

leurs lèvres pures jusqu'au trône de Marie, qu'elle entre dans la chambre du malade, sous les traits et les vêtemens d'une religieuse de la charité très-renommée par ses bonnes œuvres, et opère une subite et miraculeuse guérison qui change en actions de grâces les pleurs d'une famille dans le désespoir.

Dans le tableau dont cette tradition a fourni le sujet, la Vierge, sous les habits d'une religieuse de la charité et suivie d'une jeune professe du même ordre, est représentée debout au pied du lit, et donnant la main au jeune moribond. Celui-ci qui tout à coup à pu se dresser sur son séant, est saisi d'un mouvement de foi et de reconnaissance dont ses traits, malgré leur pâleur extrême, rendent vivement l'expression. Devant la Vierge est un enfant qui la contemple, les bras croisés sur la poitrine, avec cette quiétude que donne la grâce et l'amour de Dieu. Au calme surnaturel de cet enfant, à l'auréole qui brille autour de sa tête, aux ailes qui percent à travers sa robe, on devine que c'est le frère du malade. Après avoir joint ses prières à celles de ses parens, il est descendu du ciel avec Marie pour être témoin du bienfait qui va rendre la paix à une famille que les jouissances célestes ne lui ont point fait oublier. A la gauche du lit sont représentés le père et la mère du malade, qui expriment à celle qu'ils regardent comme une simple religieuse, la reconnaissance mêlée de joie et de vénération dont ils sont pénétrés. On voit encore dans le fond du tableau deux autres personnages qui paraissent se

manifester réciproquement la surprise que leur cause
cette miraculeuse guérison.

Ce tableau était sur bois quand M. le chʳ Erard
en fit l'acquisition ; mais ce subjectile que les vers
avaient creusé dans tous les sens, ressemblait à une
éponge, d'où la peinture restée sans base dans beaucoup d'endroits menaçait de se détacher. Force a été
de l'enlever et de la transporter sur toile. Dire que
cette opération a été faite par MM. Hacquin et Mor-
temart, son gendre, c'est en garantir la solidité.

TIZIANO (Tiziano Vecellio, dit il.).

46. Le denier de César. — *Toile; hauteur quarante-
trois pouces six lignes, largeur trente pouces trois
lignes.*

Les Pharisiens qui cherchaient à perdre Jésus, lui
envoyèrent plusieurs de leurs disciples pour lui faire
des questions captieuses. L'un de ceux-ci lui ayant
demandé si l'on devait payer le tribut à César? Jésus
lui répondit : « montrez-moi une pièce de la monnaie
que vous donnez pour tribut; » puis ayant amené cet
homme audacieux à reconnaître que cette pièce portait l'effigie de César, il lui dit : « rendez donc à Cé-
» sar ce qui est à César, et à Dieu ce qui est à Dieu.»
Tel est le sujet de ce tableau.

L'auteur a représenté Jésus montrant le ciel avec
le doigt, et devant lui l'interlocuteur qui lui fait
voir la pièce de monnaie. Derrière Jésus est un autre
Pharisien qui écoute sa réponse. La figure du Sau-

veur est imposante et belle ; celles de ses ennemis se ressentent de leur méchanceté. Ces figures sont vues à mi-corps ; la couleur en est forte et vraie.

VERONESE (Paolo Caliari, dit il).

47. La fuite en Égypte. — *Toile ; hauteur vingt-six pouces, largeur vingt-deux.*

Montée sur un âne que Joseph mène par le licou, la Vierge Marie puise dans les caresses qu'elle prodigue à son divin fils, la plus douce des voluptés. Au-dessus de la famille sainte, voltige un ange descendu du ciel pour la conduire et la protéger. Tableau d'un brillant coloris.

AUTEUR INCONNU.

48. La Cène. — *Toile ; hauteur quarante-neuf pouces, largeur soixante-douze.*

Une vive agitation règne parmi les disciples de Jésus ; ils se demandent : quel est donc celui d'entre nous qui doit trahir son maître ? Pendant ce temps, le disciple bien-aimé, Jean fils de Zébédé, dort paisiblement, la tête penchée sur la table et presque sur le sein de Jésus.

————

Ecole Espagnole.

JOANES (Vincent).

49. Jésus-Christ remettant a saint Pierre les clefs du Paradis. — *Bois ; hauteur cent neuf pouces, largeur soixante-trois.*

Le Seigneur debout, au milieu de ses apôtres, et remettant à Saint Pierre les clefs du Paradis, est censé lui dire, ainsi que cela est rapporté par l'évangéliste Saint Mathieu : « Tout ce que vous lierez sur la terre sera aussi lié dans les cieux ; et tout ce que vous délierez sur la terre sera aussi délié dans les cieux. » Figures en pied et de grandeur naturelle.

Palamino Velasco, dans son *musée de peinture*, ne se contente pas de donner à Vincent Joanes le titre de Coryphée de l'école de Valence ; il va, tant il lui porte d'admiration, jusqu'à le comparer à Raphaël. Assurément il y a un grand fond de justice et de raison dans la haute opinion que l'écrivain espagnol manifeste en faveur de son compatriote ; mais sa comparaison ne peut lui avoir été inspirée que par l'amour de la patrie, sentiment quelquefois aveugle quoique toujours louable. Il est plus exact de dire de Joanes qu'il a mérité une place très-honorable parmi les plus célèbres peintres de son pays ; et que

l'ancienne école de Valence (école mi-romaine, mi-
espagnole) lui dut de grands exemples à suivre, et
par cela même une bonne partie de ses succès et de
son illustration.

Le tableau qu'on vient de décrire est une preuve
irrécusable des talens de cet artiste : dessin, draperies, caractères de tête, tout en est grand et dans le
style des meilleurs peintres italiens du quinzième
siècle. Aussi beaucoup d'amateurs très-éclairés l'ont-ils
regardé, au premier coup-d'œil, les uns comme un ouvrage de Sébastien del Piombo, les autres comme un
Fra-Bartolomeo. Le coloris plein de force et d'éclat
de Joanes contribue beaucoup aussi à ces méprises,
et les rend fort excusables. La disposition des figures,
dans le tableau dont il s'agit, est des plus simples ;
elles sont toutes debout aux côtés ou en arrière de
celle de Jésus, excepté celle de Pierre qui reçoit à genoux les clefs que lui remet son maître ; toutes expriment l'attention et une retenue pleine de respect.
La noblesse, la gravité caractérisent le Sauveur.

Les ouvrages de Joanes sont si rares en France, si
peu connus et pourtant si dignes de l'être, qu'on ne
saurait trop recommander celui-ci à l'attention des
personnes en qui restent encore quelques étincelles
du noble amour des peintures historiques.

MURILLO (Barthélémy-Esteban).

50. LA VIERGE MARIE DANS UNE GLOIRE. — *Toile;
hauteur soixante-dix-sept pouces, largeur quarante-quatre.*

Ce sujet sur lequel l'imagination de Murillo s'est si
souvent exercée, et que les Espagnols ont coutume
de désigner sous le nom de conception, est sans
doute pour eux l'objet d'une dévotion toute particulière. Nous y voyons au milieu des airs, la servante
chérie du Très-Haut, la bienheureuse Vierge, mère
du Rédempteur. Vêtue d'une robe blanche et d'un
manteau bleu, les pieds sur un croissant, elle est
soutenue par un léger nuage, autour duquel voltigent cinq anges, dont deux ont dans les mains une
palme, des roses et des lys, symboles de ses grâces,
de sa pureté et de l'éternelle récompense due à ses
vertus. D'autres nuages sur lesquels reposent des esprits célestes, que la présence de Marie remplit d'admiration et de respect, s'écartent autour d'elle comme
pour ne nous rien dérober de sa gloire.

Cette composition est l'un des triomphes du sublime
Murillo, qui s'est plu, comme on vient de le dire, à
la répéter un grand nombre de fois. Les anges sont
d'une fraîcheur d'exécution admirable. Le vague des
fonds contribue puissamment à donner du relief et
de l'éclat à la figure de Marie; qu'elle est belle cette
figure! qu'il y a de reconnaissance et de félicité pure
dans l'expression de son regard, tourné vers les régions supérieures du firmament!

Cette page éloquente, où l'expression laconique du pinceau l'emporte sur la langue écrite, enlèvera, nous l'espérons, le suffrage de tous les amateurs.

51. La nativité de Jésus. — *Toile ; hauteur soixante-dix-sept pouces , largeur quarante-quatre.*

A genoux au milieu de l'étable où elle vient de donner le jour au Messie , la Vierge mère tient dans ses bras cet enfant de la volonté du Très-Haut , tout resplendissant de lumière, et le contemple avec la douce émotion d'une âme humble et ravie, où le respect s'unit à une tendre sollicitude. Saint-Joseph, une lanterne à la main , s'avance du fond de l'étable et paraît ignorer le bonheur de son épouse. Cependant trois anges apparaissent au-dessus du Rédempteur, célèbrent le prodige de sa naissance , la gloire du Tout-Puissant , et les vertus de Marie. Un quatrième plane au-dessus des campagnes de Bethléem, réveille les bergers et leur annonce ce grand événement.

La lumière qui jaillit du corps du nouveau né, éclaire cette scène ; pensée sublime du Corrège, et devenue depuis lui, une sorte de précepte que les plus grands peintres se font depuis trois siècles un devoir d'observer. Quant au style , il est calme comme l'action principale; l'effet, plus doux que piquant, appelle particulièrement les yeux sur le sauveur et sa mère. La posture de celle-ci , son regard fixé sur l'être qu'elle vient de mettre au monde , expliquent les mouvemens de son âme. Dans le prodige de sa conception, dans son enfantement sans douleur, elle reconnaît une puissance divine, et cette puissance elle l'adore dans ce fils qui est aussi l'objet de son amour.

VELASQUEZ (don Diego Rodriguez de Silva).

52. Portrait équestre d'un général. — *Toile ; hauteur cent dix-huit pouces, largeur soixante-quatorze.*

Il est monté sur un cheval pie, courant au galop, et tient de la main droite son bâton de commandant. Il est suivi d'un trompette auquel il a ordonné de faire entendre un signal. Dans les fonds, on aperçoit deux corps d'armées ennemies se livrant un rude combat.

Ce beau portrait mérite l'attention des connaisseurs. On y remarque la noble assurance et le sang-froid d'un chef courageux et prudent. Les figures du fond sont bien dessinées et pleines de mouvement.

53. Portrait d'homme. — *Toile ; hauteur quarante-quatre pouces, largeur trente-cinq.*

Ce portrait est celui de don Diego Rodriguez de Citray, fondateur des Carmelites à Bondilla.

On a peine à concevoir comment avec si peu d'ombre et un fond clair, on peut produire autant de relief ; c'est là une des grandes difficultés de l'art. Velasquez, a su la vaincre ; aussi que de fraîcheur et d'éclat dans ce portrait. C'est de la chair, c'est la vie.

MAÎTRE INCONNU.

54. MADONE ENTOURÉE DE PLUSIEURS DÉVOTS PERSONNAGES. — *Cuivre ; hauteur douze pouces deux lignes, largeur neuf pouces six lignes.*

Ce petit tableau est l'ouvrage d'un artiste espagnol, dont le nom est inconnu en France, mais qu'on suppose avoir vécu dans les commencemens du XVIIe siècle. L'exécution en est délicate, le coloris assez bon, mais l'ordonnance en paraîtra singulière à cause de la symétrie que l'auteur a pris à tâche d'y observer, et qui n'était cependant plus en usage de son temps. L'idée si commune de représenter la Vierge et son fils, sur un trône au milieu de plusieurs saints personnages, ne se perpétua guère après la mort des Pérugin et des fra Bartolomeo, des hommes d'un rare génie étant venus effacer cette dernière trace de l'enfance de l'art.

Assise sur un trône, le front ceint d'une couronne d'or enrichie de pierreries, la vierge Marie tient de la main droite, un globe surmonté de lys ; et de la gauche, une boule bleue surmontée d'une croix, symbole de la rédemption du genre humain. L'enfant Jésus vêtu d'une robe, est assis sur les genoux de sa mère et couronné comme elle. Il bénit les fidèles qui l'honorent. Deux moines parvenus aux premières dignités de l'église, sont agenouillés aux côtés du trône ; plus bas sont rangés huit clercs en surplis qui chantent des hymmes en l'honneur de Jésus et de Marie. Ces deux dernières figures sont tout-à-fait dans le goût des Cimabué et des Giotto.

Écoles

HOLLANDAISE, FLAMANDE ET ALLEMANDE.

ALBERT DURER.

55. HOMMAGE RENDU AU FILS DE DIEU. — *Bois; hauteur trente-deux pouces huit lignes, largeur vingt-cinq pouces trois lignes.*

Le rédempteur nouveau-né est assis sur les genoux de Marie qui le soutient mollement de ses deux mains. Dans les traits de Marie, vierge et mère tout à la fois, devait se réfléchir, comme dans un miroir pur, l'image d'une âme simple, pleine de candeur et de félicité. C'est ce qu'Albert Durer a très-bien exprimé. Aux pieds de Jésus s'humilie un des rois de la terre qui lui fait hommage d'un vase précieux. A la gauche de ce monarque est un autre personnage qui apporte aussi un présent à Jésus.

Trois des figures de ce tableau sont vues à mi-corps et presque de grandeur naturelle.

ASSELEYN (JEAN).

56. VUE D'UN CHEMIN SOUTERRAIN. — *Toile; hauteur vingt-cinq pouces, largeur trente-cinq.*

Les premiers plans de ce tableau se composent

d'une immense voûte creusée dans une montagne.
Au dehors, la vue est arrêtée d'un côté par un bouquet d'arbres, et de l'autre on n'aperçoit que les sommets bleuâtres de quelques monts qui se dessinent
sur le ciel dans un extrême lointain. Deux monta-
gnards s'avancent avec quelques chèvres dans un petit chemin pratiqué sous cette voûte; un autre se repose près d'un pont de bois jeté sur un gouffre creusé
entre deux rocs par un courant d'eau.

Contemporain de Pierre de Laar et des frères Jean
et André Both, Asseleyn fut aussi leur compagnon
d'étude dans les campagnes de Rome, et comme eux
s'est fait un nom célèbre dans l'histoire de la peinture.

On a écrit que ce fut à la vue de ses tableaux, que
les paysagistes hollandais commencèrent à sentir la
nécessité de substituer des tons vagues et fuyans, aux
couleurs crues que leur avaient en quelque sorte lé-
guées les Brill, les Breughel et plusieurs autres de
leurs devanciers.

57. PAYSAGE. — *Toile; hauteur dix-huit pouces,*
largeur vingt-sept.

Deux villageois, l'un à pied, l'autre assis sur le
dos d'un bœuf, passent une rivière à gué avec un
âne, un cheval de somme et cinq ou six vaches ou
bœufs. Un autre homme, vu par le dos, est assis sur
le bord de l'eau; un pont de quatre arches traverse
la rivière. Au-delà s'étend une vaste campagne.

Tous les paysages d'Asseleyn se recommandent par un beau pinceau et beaucoup d'harmonie.

BAKHUYZEN (Louis).

58. Les bateaux de passage. — *Toile ; hauteur seize pouces, largeur vingt-un.*

A l'entrée d'une nuit orageuse, le ciel étant couvert de nuages chargés de pluie, un petit bateau, conduit par trois marins et portant trois passagères, vient de traverser l'embouchure d'un fleuve et d'aborder au lieu de sa destination. Tandis qu'un des marins emploie une gaffe et tous ses efforts pour fixer la vacillante barque contre le rivage, un de ses camarades donne la main à une tremblante passagère, pour lui aider à mettre pied à terre. Les deux autres femmes, en attendant qu'on leur prête le même secours, se tiennent étroitement affublées, la tête basse et le dos au vent. Un second bateau de passage est tout près de toucher aussi le rivage. Un peu plus loin un petit bâtiment de transport tâche en louvoyant de gagner la mer. A main droite, au-delà de la rivière, on distingue une jetée, un moulin à vent et plusieurs clochers.

Le peintre de marine, comme le peintre de figures, manque son but s'il n'anime pas sa toile. Il faut, quand il représente un orage, qu'il peigne la pluie, l'agitation des flots, qu'il fasse croire à leur bruit sourd et prolongé se confondant avec le sifflement des aquilons, à la course rapide du navire, aux cris des matelots ; il faut, en un mot, que tout paraisse en mouvement sur la toile ; sans cela il n'aura fait qu'un insignifiant tableau. Bakhuyzen est à l'abri de ce reproche ; aucun peintre n'a rendu comme lui les superbes horreurs d'une tempête.

59. MARINE. — *Toile ; hauteur trente-trois pouces neuf lignes, largeur quarante-cinq pouces six lignes.*

Plusieurs barques voguent sur une mer houleuse et suivent des directions différentes. Les deux seules qu'on voie sur le premier plan sont peu distantes l'une de l'autre, et coupent la vague en pinçant le vent. Dans le lointain on remarque un vaisseau à l'ancre devant un rivage sablonneux, et plusieurs mats de bateaux pêcheurs, abrités par une jetée sur laquelle est bâtie la maison d'un pilote.

Le coloris de ce tableau est celui de la nature pendant la première partie du jour ; il y a dans l'exécution plus de fermeté de pinceau que dans beaucoup d'autres ouvrages de l'auteur. Du reste, ce qui domine ici, comme dans toutes les productions de Bakhuyzen, c'est cette vérité, cette exactitude, cette perfection dans la forme et les agrès de chaque navire, cette imitation du mouvement, qui, si elles ne trompent pas tout-à-fait les yeux du spectateur, le transportent du moins en pensée sur un rivage, en pleine mer, ou parmi des matelots qui s'agitent sur un tillac au milieu d'un ouragan.

Aucun peintre n'a égalé Bakhuyzen pour la repré-

sentation des mers agitées ; peu ont usé avec autant
d'intelligence que lui de ces oppositions heureuses
commandées par des lois naturelles , qui font obtenir
de grands effets sans qu'on s'éloigne en rien de la vérité.

BEGA (CORNEILLE).

60. LES AMATEURS DE MUSIQUE. — *Toile ; hauteur
treize pouces, largeur douze.*

Deux musiciens d'un âge plus que mûr, paraissent
occupés à solfier un morceau de chant noté sur une
feuille volante, que l'un d'eux a dans les mains. Il ne
manque à côté de ces singuliers virtuoses que des
verres et quelques bouteilles, pour faire croire que
l'intention du peintre a été de les représenter dans
les vapeurs de l'ivresse , tant ils ont l'un et l'autre le
visage enflammé. Il est vrai que l'amour de la musique est une passion qui a aussi , comme toutes les autres , son ivresse, ses désordres , ses transports ; delà,
apparemment , le visage animé et le dérangement
des habits de ce musicien , dont le col de chemise est
ouvert et la veste déboutonnée ; delà encore la confusion qui se montre parmi les meubles de sa chambre, où les livres, les infolios, les partitions sont en-
tassés pêle-mêle sur une espèce de coffre , ou jetés
sur le plancher à côté d'une tablette d'ardoise et d'une
basse de viole.

Ce tableau est un des meilleurs ouvrages de Bega.
Outre qu'il est d'un fini remarquable et d'une rare
beauté de pinceau , il est exempt de cette monotonie,

de ce manque de lumière, qui déparent si souvent
les autres productions de cet auteur.

BERCHEM (Nicolas.)

61. Grande chasse aux cerfs. — *Bois; hauteur
vingt-six pouces, largeur trente-six.*

Trois hommes qui payèrent un généreux tribut à
la peinture, et dont à ce titre les noms sont gravés
dans l'histoire de ce bel art, parmi ceux des amateurs les plus distingués, MM. Blondel de Gagny,
Servat et Clos, ont successivement possédé ce beau
tableau de Berchem. Nous allons transcrire, comme
preuve d'identité, la description qui en a été faite
par Remy, dans le catalogue de Blondel de Gagny,
publié en 1776.

« L'artiste a placé sur le premier plan, à droite,
» une femme, des chevaux et des chiens; à gau-
» che, sur le même plan, deux femmes et deux
» hommes sur des chevaux, un autre homme qui se
» dispose à monter à cheval, des domestiques et des
» chiens; sur un troisième plan, des hommes sont
» à cheval, et des chiens chassent le cerf et la biche:
» dans l'éloignement encore des chasseurs qui pour-
» suivent un cerf. Le point de vue du milieu est
» terminé par des fabriques et des montagnes. A
» droite et à gauche, des groupes d'arbres sur des
» plans différens. On admire la richesse de la com-
» position, l'intelligence dans la distribution des
» groupes, la bonté du dessin, la fonte de couleur,

» et la touche délicate. Toutes les figures sont d'un
» bon choix et dans des attitudes variées, elles sem-
» blent être en mouvement. On trouve rarement un
» morceau de cette conséquence, et c'est un des
» premiers de ce cabinet. »

On retrouve la même description, à peu de
chose près, dans le catalogue des peintures du beau
cabinet de M. Clos. Mais que ces descriptions sont
peu propres à donner une juste idée de l'admirable
tableau qui en est l'objet. On peut en faire connaître la riche composition, en tracer l'ordonnance, en
énumérer les nombreux détails; mais on essaierait
inutilement d'en faire sentir autrement tout le mérite, qu'en le signalant comme le plus bel ouvrage
de Berchem, qu'on puisse maintenant espérer de
rencontrer. Quel vivacité! quel esprit dans la touche! quel coloris brillant et vrai! que c'est bien là
l'image d'une grande chasse, avec tout ce qu'elle
entraîne de confusion, de plaisirs et même de
dangers !

Jacques Aliamet a gravé ce tableau sous le titre de
la grande chasse.

62. PORT DE MER. — *Bois ; hauteur dix-sept pouces
trois lignes, largeur vingt - un pouces quatre
lignes.*

Un gentilhomme hollandais et sa dame, tous deux
à cheval et revenant de la chasse, se sont arrêtés
sur le bord de la mer dans le voisinage d'un port.
Un piqueur semble recevoir leurs ordres; et, pen-

dant ce temps, un valet rassemble et accouple les chiens. Tout près de ces personnages est un villageois gardant des bestiaux, et attendant qu'on les réunisse à ceux qu'on voit dans une barque amarée au rivage. On remarque, à la gauche du point de vue, des galères mouillées à l'entrée d'un port.

On admire dans ce tableau, comme dans celui qui précède, tout le goût, tout l'esprit du célèbre Berchem. La composition en est bien ordonnée, les groupes en sont disposés et variés avec beaucoup d'intelligence; l'air circule partout, la dégradation des plans est parfaite. L'exécution, la conservation ne laissent rien à désirer. Ainsi pour n'être pas aussi capitale que celle qui représente la chasse aux cerfs, cette belle production de Berchem n'en est pas moins une des plus marquantes qui soient sorties de son pinceau, et l'une de celles qui satisfont complétement la vue. Que pourrait-on dire de plus à son éloge qui ne fût entièrement superflu?

63. Vue d'un port de mer du Levant. — *Bois ; hauteur onze pouces neuf lignes, largeur quinze pouces six lignes.*

A main droite, sur un plan reculé, de hautes falaises dont la cime est protégée par un fort, offrent aux vaisseaux un abri sûr contre les vents de la pleine mer ; au bas sont mouillés des galères et autres navires de différens pays. Sur le premier plan, formé d'un quai où sont déposés des barriques, des caisses, des ballots et autres objets, une dame à cheval, un

faucon sur le poing, s'entretient avec un négociant
musulman. Derrière elle est un valet tenant la bride
d'un cheval, tandis que le noble personnage qui le
monte, cause de son côté avec un matelot grec assis
à terre. Trois travailleurs du port, l'un assis sur une
caisse, les deux autres se reposant au pied d'une
muraille, animent encore l'avant-scène de ce charmant tableau. Un peu plus loin, deux hommes conduisant une charrette remplie de marchandises, se
dirigent vers une allège qui est en chargement.

Ce tableau a fait partie du fameux cabinet du duc
de Choiseul : cela seul suffit pour en faire sentir le
mérite. On en voit une petite estampe, gravée par
Dunker et Daudet, dans le recueil de celles qui ont
été faites d'après les tableaux de cette collection. Jacques Aliamet en a gravé une autre estampe intitulée :
Vue d'un ancien port de Gênes.

BERKHEYDE (Gerrits.)

64. Vue de la grande église de Harlem. — *Toile;
hauteur dix-neuf pouces, largeur vingt-trois.*

Cet immense édifice occupe le milieu du point de
vue. A droite et à gauche s'étendent deux rangées de
maisons bâties en briques, les pignons en avant. La
place publique qu'elles bordent est vaste, bien pa-
vée, et couverte çà et là de nombreux groupes de
personnages des deux sexes et de différentes conditions.

Ce tableau, l'un des bons ouvrages de l'auteur,

est aussi le portrait fidèle d'un endroit qui est à-peu-près le même aujourd'hui, qu'au temps où Berkheyde s'est amusé à le peindre.

65. INTÉRIEUR D'UN TEMPLE PROTESTANT. — *Toile ; hauteur quarante-quatre pouces, largeur trente-quatre pouces six lignes.*

Des écussons, des étendards, un orgue, une chaire à prêcher entourée d'une cloison en lambris, sont attachés aux murs et aux piliers de ce temple. Le ministre chargé de le desservir, donne ses ordres à un fossoyeur qui les reçoit avec soumission et le chapeau à la main.

BOTH (JEAN.)

66. PAYSAGE. — *Toile ; hauteur trente-cinq pouces six lignes, largeur quarante-un pouces six lignes.*

Un pont de trois arches, protégé aux extrémités par une porte à créneaux et par une grosse tour, marque à-peu-près le milieu du point de vue. Au-delà s'élèvent par degrés, au-devant de l'horizon, deux collines et une longue chaîne de montagnes. L'œil en rétrogradant depuis le pont jusque sur le premier plan, voit le site se diviser en deux grandes parties bien distinctes, l'une baignée par un fleuve dont l'onde calme et limpide forme un miroir où se réfléchit la brillante clarté du firmament; l'autre composée d'un chemin qui, à partir du pont, passe derrière un grand bouquet d'arbres et vient former l'avant-scène du tableau. Ici ont été placées par André Both plusieurs figures dont l'exécution fait honneur à son pinceau. Elles représentent un villageois se reposant à l'ombre à côté de son âne, un jeune garçon gardant une vache, et un autre homme causant avec un dessinateur. Ces deux derniers sont sur une petite levée de terre qui sépare la rivière du chemin.

Considéré sous le rapport de l'art, ce paysage est d'une grande beauté; considéré comme point de vue seulement, l'œil le parcourerait encore avec plaisir. Le site est un de ceux que Both rencontrait souvent en Italie, et qu'il a retracés dans presque tous ses tableaux. L'heure est prise vers le milieu d'une belle après-midi d'automne; elle est indiquée avec beaucoup de vérité. Si ce n'est pas une illusion de nos sens, ou un effet de notre goût personnel pour les productions de Both, celle-ci égale en magie les merveilles de Claude Lorrain. Ceux qui n'adopteront pas entièrement cette opinion, conviendront du moins qu'il règne dans le paysage dont il s'agit, une si parfaite entente de lumière, une dégradation de plans si bien observée, une touche si facile et si spirituelle, des formes si élégantes, des détails si bien rendus, qu'il est impossible de ne pas l'admirer, et peut-être d'en rencontrer un plus parfait.

67. PAYSAGE. — *Toile; hauteur quarante-un pouces, largeur quarante.*

Ce tableau, comme beaucoup de ceux qui sont dus au beau talent de Jean Both, est la représentation

d'un site montagneux , vu en automne , au moment
où le soleil colore les campagnes du feu de ses derniers
rayons. Des plantes sauvages , des ronces et quelques
arbustes croissant parmi des quartiers de rocher couvrent tout le premier plan. Par-delà , sur un terrain
un peu plus élevé et couronné de quelques arbres ,
passe une villageoise montée sur un mulet. Un piéton , son compagnon de route , la précède ; un autre
la suit en marchant aussi à pied à côté de sa propre
monture. Plus loin se voient des rochers coupés à pic
d'où jaillit une cascade. Des montagnes qu'on aperçoit à travers les vapeurs jaunâtres de l'atmosphère
terminent le point de vue.

BRAUWER (Adrien.)

68. Intérieur de cabaret flamand. — *Bois ; hauteur
onze pouces dix lignes, largeur douze pouces neuf
lignes.*

Des paysans belges sont rassemblés dans un cabaret. L'un d'eux assis , le corps penché en avant , est
occupé à charger sa pipe à côté d'un camarade qui
fait gravement filer la fumée de la sienne. Derrière
ces deux hommes on en voit deux autres de la figure
la plus grotesque, qui chantent à tue-tête le bonheur
de s'enivrer ; l'un d'eux tient un verre de bière,
l'autre a sa pipe à la main. Dans le fond du tableau
sont encore représentés trois rustres assis devant une
cheminée , et un quatrième donnant à la servante du
cabaret des témoignages de sa tendre affection.

L'homme appuyé contre un pilier est probablement le maître du lieu qui marque la dépense des buveurs.

Ce tableau, qui provient du cabinet de Wille, est un des bons ouvrages connus de Brauwer, et aussi l'un de ses plus capitaux. Ce n'est pas sans doute une image de la belle nature, une scène de salon, mais la nature telle que Brauwer avait coutume de la voir dans les cabarets, et rendue avec une étonnante vérité.

CHAMPAGNE (Philippe.)

69. Les Pélerins d'Emmaus. — *Toile; hauteur soixante-dix-neuf pouces, largeur quatre-vingt-trois.*

Si parmi les hommes qui ont contribué à l'illustration de la peinture dans les siècles modernes, Philippe de Champagne était moins connu pour être un de ceux qui ont mis le plus de conscience dans leur travail, on serait porté à croire qu'il a caressé ce tableau avec un amour tout particulier, tant il est frappant d'imitation et achevé dans toutes ses parties. Mais cette exécution si soignée, cette colorisation si extraordinaire, cette faculté de tromper les yeux en donnant à des choses peintes l'apparence de la réalité, tout cela nous étonne dans la plupart des ouvrages de Philippe de Champagne. Celui-ci joint à ces grandes qualités tant d'éclat et une telle conservation, qu'il semble sortir des mains de l'auteur : il représente les pélerins d'Emmaüs.

Jésus-Christ est assis au milieu de la table, en face
du spectateur. Ses traits sont calmes et nobles; dans
ses regards élevés vers le ciel, brille un rayon de la
divine majesté: c'est le moment où il bénit le pain.
A cette action les deux disciples reconnaissent leur
maître, et sont saisis d'autant de surprise que de vénération. Un valet est debout derrière Jésus avec une
assiette sous le bras; un autre placé en avant de la
table, se baisse pour relever un plat qui est à terre et
dont il écarte un chat. A la gauche du tableau est une
échappée de vue donnant sur la campagne.

70. LA VIERGE MARIE ET L'ENFANT JÉSUS REPRÉSENTÉS
AU MILIEU D'UNE GLOIRE. — *Toile; hauteur quarante-sept pouces neuf lignes, largeur soixante-
huit pouces six lignes.*

Assise sur un nuage, la bienheureuse Vierge Marie soutient l'Enfant Jésus dont la main droite exprime par son action, qu'il est censé bénir les fidèles
qui l'honorent et obéissent à sa divine loi. Les pieds
de Jésus sont posés sur deux têtes ailées qui lui servent de point d'appui. D'autres esprits célestes, revêtus de la même forme, accompagnent la reine des
cieux pendant son apparition, soit pour l'adorer, soit pour soulever avec leurs ailes le léger trône
sur lequel elle est placée. Un neuvième chérubin
voltige au-dessus du Sauveur et de sa mère, et dé-
ploie une banderole qui porte cette leçon de tous
les temps et de tous les cultes : *Gloria in excelsis
Deo.*

Ce tableau n'est inférieur au précédent ni sous le rapport du fini, ni sous le rapport de la vérité; c'est encore la nature imitée avec toute la perfection imaginable.

71. PORTRAIT D'HOMME. — *Toile; hauteur vingt-huit pouces neuf lignes, largeur vingt-deux pouces.*

Ce portrait est celui d'un homme d'église. Il est représenté à mi-corps, nu-tête, le visage de trois quarts, et la main droite posée sur son bréviaire. Son regard fixe et élevé indique une forte tension d'esprit.

La supériorité de talent que Philippe de Champagne a déployée dans plusieurs genres de peinture, principalement dans les beaux portraits où il a, pour ainsi dire, perpétué la glorieuse existence d'une multitude de personnes célèbres de son temps, nous dispense de faire l'éloge de celui-ci. Disons seulement que le pinceau de cet artiste si fidèle et si consciencieux, n'en a guère produit de plus parfait.

CUYP (ALBERT).

72. PAYSAGE. — *Bois; hauteur dix-sept pouces neuf lignes, largeur vingt-sept pouces trois lignes.*

Le soleil est aux trois quarts de sa course; les vapeurs qui s'étaient dissipées à son lever, retombent sur la campagne embellie du reflet de ses derniers rayons, et forment un léger brouillard dans lequel disparaissent les plans lointains, à mesure qu'ils s'approchent de l'horizon. Cependant la chaleur du jour

se fait encore sentir; et le voyageur profite volontiers,
ou d'un peu d'eau pour calmer sa soif, ou d'un ombrage frais pour se reposer. Voilà du moins ce que
paraissent indiquer non-seulement la couleur dorée
que Cuyp a donnée à son tableau, mais encore les
diverses figures dont il l'a enrichi, et qui en sont
pour ainsi dire l'expression.

Une femme, la houlette à la main, est debout dans
un sentier sur le premier plan; à quelques pas de là,
à l'abri d'un monticule qui cache le milieu du point
de vue, se reposent deux hommes dont l'un a déposé
un panier à côté de lui; un troisième puise de l'eau
à une rivière pour se désaltérer. Sur le sommet du
monticule est un pâtre gardant un troupeau de vaches et de brebis. A main droite, dans un chemin
bordé de rocs taillés à pic et surmontés d'arbustes,
s'avancent d'autres bergers qui ramènent leurs troupeaux des champs; à gauche, une rivière baigne et
rafraîchit la campagne. Celle-ci est dominée par
quelques arbres et un édifice tombé en ruines.

Tout est naïf, vrai, ravissant dans ce paysage;
Cuyp n'a jamais mieux peint, jamais il n'a été plus
coloriste.

73. Voyageurs a la porte d'une hotellerie. — *Bois;
hauteur quatorze pouces, largeur vingt-un.*

Dans le tableau qui précède, la touche de Cuyp est
franche, vive et empâtée; dans celui-ci elle se rap-
proche par son moelleux de celle de Philippe Wouwerman. Du reste, la couleur est dorée, la dégrada-

tion bien observée, l'œil croit mesurer une certaine étendue de pays.

Debout, à côté d'un cheval blanc, tout harnaché, qui lui sert de monture, et qu'un palefrenier fait boire dans un seau, un cavalier tient la bride d'un autre cheval à poil bai clair, sans selle, et qu'il mène sans doute avec lui. Un second cavalier, affourché sur un cheval brun, sort de dessous une grande porte qui paraît être celle d'une hôtellerie. Cette maison est à la gauche du tableau, la droite représente une vue de paysage. Deux chiens attendent le départ de leurs maîtres.

74. PORTRAIT D'HOMME. — *Bois; hauteur trente-deux pouces, largeur vingt-cinq.*

Ce personnage est censé parler à quelqu'un, ou prononcer un discours : c'est ainsi qu'on croit devoir interpréter le mouvement de ses lèvres entr'ouvertes et l'action de sa main droite. Du reste, il est représenté à mi-corps, nu-tête, avec une fraise sur un habit noir, et tenant de la main gauche sa paire de gants.

Cuyp a fait preuve d'une grande habileté dans tous les genres de peinture. Ses portraits ne laissent rien à désirer. Il s'est élevé au-dessus de tous les maîtres quand il a peint des intérieurs d'église; il rivalise avec Rachel Ruysch pour les fruits; dans ses paysages et ses marines il est l'égal du Lorrain.

———

DENNER (Balthazar).

75. Portrait d'homme. — *Toile; hauteur vingt-six pouces, largeur vingt-deux.*

Quand Denner, cet artiste pour l'ordinaire si laborieux et si patient, entreprit d'animer cette toile, il était dans un de ces heureux momens, dans un de ces momens de verve, où chaque coup de pinceau est une expression vive, un trait d'esprit, qui coule de source. Ici, point de ces détails, trop minutieux peut-être, quoique toujours surprenans, qui forment le caractère particulier du talent de l'auteur. Au lieu de ces signes de peine qui refroidissent l'admiration, nous remarquons dans ce portrait une touche libre et hardie, un bel empâtement, une magie toute *rembranesque*. On dirait que cette naïve figure respire.

Suivant la tradition, elle nous offre les traits du père de Denner. C'est un vieillard à barbe et à cheveux blancs, représenté jusqu'aux hanches, la tête nue, le visage presque de profil, et dont un simple habit boutonné sur la poitrine compose tout le vêtement.

DOU (Gérard).

76. Portrait de l'auteur. — *Bois; hauteur dix-sept pouces neuf lignes, largeur quatorze pouces deux lignes.*

Ce beau portrait, qui est cité dans Descamps, appartenait du temps de cet écrivain à M. Voyer d'Argenson. C'est un des miracles de la peinture, tant le coloris en est vrai et le travail parfait. Il y a d'ailleurs dans cette figure tant de naturel, son regard fixe et préoccupé vous fascine tellement les yeux, que vous vous croyez devant un être doué de sentiment, devant le célèbre Gérard Dou lui-même se montrant à la fenêtre de son atelier. En vérité, il ne manque à cette merveilleuse image de la nature vivante, qu'une étincelle du feu de Prométhée.

Cet artiste s'est peint à plusieurs époques de sa vie. Vous le voyez ici à l'âge de quarante ans. Il tient de la main gauche une palette et des pinceaux; de la droite, il tourne d'un air distrait l'un des feuillets d'un in-folio qui est posé avec une écharpe rayée, sur l'appui de la fenêtre. Il semble avoir suspendu son travail pour faire une courte lecture. Ses cheveux tombent sur ses épaules, il est coiffé d'une toque bleue qu'il porte sur l'oreille, et vêtu d'une veste de soie, couleur de feuille morte, qu'accompagne une espèce de robe violette sans manches, ornée de petits galons d'or.

Si ce costume élégant et riche fut le costume habituel de Gérard Dou, il prouve, selon toute apparence, de deux choses l'une; ou que ce peintre ne se crut point au-dessous des grands seigneurs de son temps, ou qu'il pensa que le talent même pour obtenir la considération de certains esprits, a besoin de s'appuyer sur des dehors imposans. On ne peut supposer qu'un homme de ce mérite ait aimé la toilette comme l'aime un petit maître.

Les ornemens accessoires qui entourent ce beau

portrait, sont variés et de bon goût ; l'arrangement en est pittoresque ; et là encore se trouve le prestige du pinceau. Un rideau cache une partie du vide de la fenêtre ; au-dessous de l'appui est un bas relief représentant une bacchanale d'enfans ; un vase de terre contenant une plante d'œillets d'Inde en fleurs, accompagne agréablement la base d'un des chambranles ; devant l'autre auquel est attaché une cage, jouent, dans tous les sens, les pampres d'une vigne garnie de ses feuilles. Cette sorte de fond plaisait beaucoup à Gérard Dou, et se trouve dans beaucoup de ses tableaux.

En parlant de l'attention qu'il avait de garantir ses ouvrages de la poussière, on rapporte par fois qu'il les peignait renfermé dans une cage de verre : conte ridicule ; mais ce qui est attesté par l'exemple que nous en avons dans ce tableau-ci, c'est qu'il tenait un parasol attaché sur le haut de son chevalet, ce qui du moins empêchait que la poussière qui tombait d'en haut, ne se mêlât à son travail. On a dit de ce peintre aussi patient qu'habile, que des soins trop minutieux ont dû refroidir son génie. Il paraîtrait plus juste de penser qu'il a fait ce qu'il était dans son propre génie de faire ; et que les précautions qu'on lui reproche étaient inséparables de cette délicatesse extrême, de cet inimitable fini, sur lesquels il avait résolu de se fonder un talent neuf et particulier.

77. L'Empirique. — *Bois ; hauteur onze pouces, largeur huit.*

Une femme vient d'entrer dans le cabinet d'un médecin, et le consulte sur la maladie d'un enfant qu'elle tient dans ses bras. Un peu d'urine renfermée dans une phiole doit accuser la nature du mal, aux yeux perçans de l'esculape moderne. Pour l'examiner au grand jour il s'est approché de la fenêtre, et à la manière dont il tient la phiole, ainsi qu'au regard scrutateur qu'il porte sur l'être souffrant, il semble vouloir s'assurer de la justesse des pronostics qu'il a tirés de l'eau révélatrice.

Une ceinture rayée est négligemment jetée sur le bord de la fenêtre et s'y groupe avec un livre ouvert, un bassin de cuivre, un clepsidre et la patente duement scellée du docteur. Celui-ci, coiffé d'une toque, est vêtu d'une robe à manches ouvertes, et d'un pourpoint à demi fermé par un rang de boutons. L'air d'aisance qui règne autour de lui atteste, sinon son savoir, du moins la confiance qu'il a su inspirer.

Une grande partie des éloges bien sincères qu'on a donnés au beau tableau qui fait le sujet de la note précédente, retombe de droit sur celui-ci et le suivant; l'un et l'autre étant également remarquables par cette touche si délicate, cet extrême fini, cette perfection, car c'est là le mot, qui sont regardés comme le *nec plus ultra* de l'exécution pittoresque, et font de chaque ouvrage de l'inimitable Gérard Dou un véritable chef-d'œuvre.

78. La Souricière. — *Bois; hauteur douze pouces,*
largeur neuf.

Ce précieux et charmant tableau a pour fond l'ex-
térieur d'une petite fenêtre carrée, surmontée d'un
cintre enrichi de sculpture, et couronnée de quelques pampres de vignes. A cette fenêtre se présente,
d'un air enjoué, une jeune fille tenant et montrant
de la main gauche une souricière que regarde, en
alongeant le cou, un joli petit chat qu'elle tient sous
son bras droit. Un canard mort est suspendu par les
pattes à l'un des chambranles; à l'autre est attachée
une espèce de cage; sur l'appui sont posés un morceau d'étoffe et un pot d'étain renversé.

On a dit plus haut au sujet de cette jolie production du pinceau de Gérard Dou, qu'elle a sa part
dans le tribut d'éloges qu'on paie chaque jour à
l'admirable talent de ce peintre.

DYCK (Antoine Van).

79. Le baiser de Judas. — *Toile; hauteur quatre-vingt-*
dix-huit pouces, largeur quatre-vingt-quatre.

On lit dans l'ouvrage de Descamps, tom. 11,
page 11: « Van Dyck prit congé de Rubens après lui
» avoir donné, pour marque de reconnaissance, un
» Ecce-Homo et un autre tableau dont le sujet est
» Notre Seigneur dans le jardin des Oliviers: ce
» dernier représente une nuit; tout y est éclairé aux
» flambeaux; il est d'une grande beauté. Rubens le

» mit dans ses principaux appartemens et ne cessait
» de le louer. »

C'est cette représentation de *Notre Seigneur au
jardin des Oliviers pendant la nuit*, qu'on vient
d'intituler le baiser de Judas, afin que désormais elle
soit désignée d'une manière plus précise qu'elle ne
l'a été par Descamps. Tant que Rubens vécut, cette
grande et belle page de peinture lui fut chère, parce
qu'il était flatté d'y rencontrer une preuve constante
des succès et de la noble gratitude d'un disciple auquel il portait le plus vif intérêt ; et ce fait l'a rendue
doublement précieuse : le maître s'y reflette à côté
de l'élève ; on ne peut la regarder sans songer que
les yeux de l'immortel Rubens s'y reposèrent mille
et mille fois. Et puis on conviendra, pour peu qu'on
réfléchisse, que Van Dyck employa la plus grande
partie de sa vie à faire des portraits; on conviendra,
dis-je, que c'est une bonne fortune que la possession
d'un ouvrage aussi capital que celui-ci. Non-seulement on y compte dix figures de grandeur naturelle,
toutes expressives, toutes agissant d'une manière
parfaitement correspondante au rôle qui leur est
personnel. On peut affirmer encore qu'il est peint
de verve, et que dans toutes ses parties l'habileté de
la main a parfaitement secondé le feu de l'imagination. L'obscurité de la nuit, la clarté des flambeaux,
sont rendues avec une extrême vérité. Plusieurs lumières éclairent la scène, et néanmoins il n'y a qu'un
seul, qu'un grand effet.

Van Dyck a choisi l'instant où Judas se jette au

cou de son maître pour l'embrasser. C'était à ce signal que les satellites envoyés par les prêtres et les
pharisiens, devaient reconnaître Jésus-Christ et se
saisir de sa personne; ils sont donc représentés se
précipitant autour de lui; l'Homme-Dieu, conservant son calme et sa majesté ordinaires, est censé
dire à l'apôtre infidèle : est-ce ainsi que vous trahis-
sez le fils de l'homme par un baiser? Pendant ce
temps, le disciple Pierre, cédant à son indignation,
a renversé par terre un des porteurs de lanternes,
et lui assène un coup d'épée. Cet épisode, conforme
à la vérité historique, est aussi une pensée heureuse
en ce qu'il fait contraster avec l'imposante tranquil-
lité du Seigneur, le zèle un peu trop ardent du servi-
teur dévoué.

ELSHEYMER (Adam.)

80. Stellé se moquant de Cérès. — *Cuivre; hauteur
dix pouces neuf lignes, largeur huit pouces six
lignes.*

Sujet tiré des métamorphoses d'Ovide.

« Un jour accablée de fatigue, brûlant de soif, ne
» trouvant aucune fontaine, aucune onde dont elle
» pût rafraichir sa bouche altérée, Cérès aperçut
» enfin, par hasard, une cabane couverte de chaume;
» elle frappe à la porte; une vieille en sort et donne
» à la déesse qui lui demande de l'eau, un breuvage
» agréable qu'elle vient de préparer. Tandis qu'elle
» boit, un enfant audacieux s'arrête devant elle et
» se moque de son avidité. »

« Cérès offensée répand sur l'insolent le reste de
» la liqueur qu'elle n'avait point encore bû; le visage
» de l'enfant se couvre aussitôt de petites taches, ses
» bras descendent vers la terre pour lui servir de
» jambes. Elle ajoute une queue à ses membres mé-
» tamorphosés, les resserre et les rend d'une petitesse
» extrême, pour qu'il n'ait pas la force de nuire.
» Enfin elle en fait un lézard de la petite espèce. »

Le moment choisi par Elsheymer, est celui où
Stellé rit de l'avidité avec laquelle Cérès avale la liqueur que la vieille femme vient de lui présenter.
Derrière la déesse est une torche allumée, posée sur
un petit char renversé.

Ce tableau, dont il a été fait une estampe, est
classé depuis long-temps parmi les meilleurs ouvrages d'Elsheymer.

EVERDINGEN (A.)

81. Chute d'eau. — *Toile; hauteur soixante pouces,*
largeur soixante-douze.

Albert ou Aldert Van Everdingen est rangé parmi
les grands peintres de marine. En France on ne connaît guère de sa main que l'espèce de tableaux dans
lesquels il a représenté des vues du Nord. Il est assez
vraisemblable qu'après un voyage qu'il fit sur les
côtes de la Baltique, il se livra de préférence à ce
dernier genre de peinture. Dans ce climat sauvage,
où la nature n'offrait à ses yeux que torrens, chutes
d'eau, amas de rochers, montagnes, sombres forêts

de pins, son génie dut se trouver sous l'influence
d'impressions si fortes, que l'on conçoit facilement
qu'il se sentit comme entraîné à les reproduire sur
la toile. C'est un souvenir de ces lieux qu'Everdingen a retracé dans le tableau qui fait partie de la collection de M. le chevalier Erard.

Un torrent qui a creusé son lit à travers un sol
aride et montueux, se précipite aux deux côtés d'une
grande masse de rochers surmontés d'arbres sans
feuilles, et forme une superbe et double cascade qui
étonne la vue du spectateur. On dirait que ses eaux,
heurtant avec violence les rocs et les troncs d'arbres
qui embarrassent leur cours, jaillissent, écument,
reviennent sur elles-mêmes, se divisent, se réunissent, s'écoulent avec plus de liberté, et forment encore cent jeux différens. Un terrain élevé, en partie
soutenu par une digue formée de pieds d'arbres,
contient sur leur rive droite les eaux de ce torrent.
Au-dessus, se voient des bouquets de sapins, et plus
loin de hautes montagnes dont les cimes masquent
l'horizon.

Un ciel brillant et pur, un air frais, des détails
rendus avec toute la fidélité possible, cette couleur
locale qui fait connaître au spectateur le lieu où le
transporte l'illusion pittoresque, telles sont les qualités qui se présentent dans l'analyse de cet admirable
tableau.

EYCK (Hubert Van.)

82. La salutation angélique et l'adoration des
bergers. — *Tableau à volets ; bois ; hauteur neuf
pouces, largeur six.*

Dans le tableau principal, celui qui représente
l'adoration des bergers, l'Enfant divin dont les prophètes avaient prédit la miraculeuse naissance, est
couché par terre, sur le devant de la scène. La
Vierge qui lui a donné le jour, Saint Joseph et deux
anges sont à genoux autour de lui. En arrière de ces
personnages se voient quatre bergers (une femme et
trois hommes) qui ont laissé à d'autres le soin de leurs
troupeaux, pour venir adorer le Messie. Trois anges
planant dans la partie supérieure du tableau, sont
censés célébrer par leurs chants l'accomplissement
de la rédemption du genre humain.

Sur le volet attaché à la droite du tableau, se voit la
Vierge Marie à genoux. L'Esprit-Saint, sous la forme
d'une colombe, étend ses ailes au-dessus de la bien-
aimée de Dieu, tandis que l'ange Raphaël lui annonce sa conception. Le céleste messager est représenté sur l'autre volet.

Ce tableau est doublement précieux, soit sous le
rapport de l'art, soit sous celui de la rareté, l'exécution en est d'un fini dont on ne saurait trop s'étonner,
eu égard au temps où vivait l'auteur. C'est le cas
d'observer que vers la fin du quatorzième siècle, les
Flamands étaient beaucoup plus avancés dans la
peinture que ne l'étaient à la même époque les Ita-

liens , chez lesquels cet art avait été rapporté par les Grecs ; car quelque soit le mérite des ouvrages des Masaccio , des Paul Uccello , des Fra-Angelico , on ne peut se dissimuler que ces hommes ne soient restés au-dessous des frères Van Eyck , qui cependant les avaient précédés.

HELST (Bartholomée Vander.)

83. Portrait d'homme. — *Toile ; hauteur cinquante pouces , largeur quarante-un.*

Le personnage dont ce portrait nous offre les traits, était ou magistrat ou ministre de l'Église réformée, à en juger par son vêtement et sa gravité. Quoiqu'il en soit, il est représenté jusqu'aux genoux, nu tête , vêtu de noir, et assis dans un fauteuil de velours cramoisi. Il tient ses gants de la main gauche et appuie la droite sur un des bras de son siége. Devant lui est une table couverte d'un tapis de velours de la même couleur que le fauteuil.

Telle est la vérité qui règne dans ce beau portrait, qu'il paraît difficile que l'art puisse jamais approcher plus près de la nature.

HEYDEN (Jacob Vander.)

84. Vue prise dans l'intérieur d'une ville. — *Bois ; hauteur dix-sept pouces , largeur vingt.*

L'illusion est complète ; il semble au spectateur que la nature même soit sous ses yeux ; qu'il pourrait entrer dans cette église , se promener sur cette place ou y prendre l'air, et la sensation qu'il éprouve est le triomphe de l'art. Combien est heureux le peintre qui emprunte ainsi à la nature les prestiges de l'optique et du coloris, et la reproduit à nos yeux étonnés, non seulement dans son ensemble, mais encore dans ses moindres détails.

Une façade d'église, ornée d'un petit portail d'architecture ionique, et percée de quatre grandes fenêtres sur chacune desquelles s'élève un toit fait en pointe, occupe le premier plan, à la gauche du tableau; du même côté et sur la même ligne est encore une rangée de maisons, dont les dernières forment avec d'autres qu'elles ont en face une large rue, où l'on remarque des arbres et plusieurs personnages. Devant l'église est une place spacieuse où deux bourgeois sont en causerie avec deux moines blancs. Un gentilhomme décoré de son épée, et marchant à côté d'une servante chargée de deux corbeilles de provisions à l'achat desquelles il vient sans doute de présider, traverse la place et retourne à sa noble demeure. Une pauvre femme tenant un enfant dans ses bras, est assise sur les marches du portail où elle attend avec patience les dons légers de la charité des passans. Plus près se voient encore cinq polissons jouant aux quilles. Il suffit de dire que toutes ces figures sont de la main d'Adrien Vanden Velde, pour convaincre le connaisseur qu'elles sont d'un naturel exquis, et qu'aucun pinceau ne pouvait les exécuter avec plus de perfection.

Tous les tableaux de Vander Heyde sont des por-

traits fidèles. Celui-ci passe pour être une vue prise
dans l'intérieur de la ville de Cologne. Nous n'en
connaissons aucun qui agisse plus victorieusement
sur la vue : c'est la nature réfléchie dans un miroir.

85. Vue de l'une des portes d'Amsterdam. — *Bois;
hauteur seize pouces, largeur vingt-deux.*

Cette porte, qui est tout à la fois le principal objet
et le terme du point de vue, est celle par où l'on sort
d'Amsterdam pour se rendre à Leyde. En avant est
un pont-levis, et en deçà de ce pont-levis le chemin
qui conduit à la dernière de ces deux villes. C'est sur
ce chemin, fermé aux deux côtés par des barrières à
hauteur d'appui, qu'Adrien VandenVelde a placé les
jolies figures qui donnent de la vie aux premiers
plans de ce tableau. On y remarque d'abord un seigneur hollandais en promenade avec une dame, et
passant à côté d'un pauvre qui lui tend en vain son
chapeau ; puis un autre promeneur dont une malheureuse femme excite la charité. Plus loin se voient
différens personnages, ou sortant de la ville, ou sur
le point d'y entrer. Une grande plate-forme bien pa-
vée et située à gauche, le long du chemin, est ornée
de beaucoup d'autres figures, parmi lesquelles on distingue un valet tenant la bride d'un cheval qu'il fait
courir devant son maître.

Ce second tableau, dû aux talens de deux des plus
grands maîtres de l'art, est encore une imitation ac-
complie de la nature.

HOBBEMA.

86. Paysage. — *Toile ; hauteur trente-quatre pouces,
largeur quarante-trois.*

Pourquoi ce paysage, tout simple qu'il est , fait-il
éprouver une sensation aussi agréable que subite?
Pourquoi appelle-t-il et attache-t-il ainsi le regard
de l'amateur? C'est que l'effet n'en est pas ordinaire,
quoiqu'il soit très-naturel. Ce coup de soleil , cette
lumière vive et dorée, encadrée de vigoureuses demi-
teintes dans lesquelles elle se fond par degrés , produisent moins un contraste piquant qu'une sorte de
clarté magique qu'il serait difficile à l'art de rendre
avec plus de bonheur. Du reste, comme nous l'avons
dit et comme on va le voir, ce tableau n'offre qu'un
site de la plus grande simplicité.

Une route qui aboutit en ligne droite à quelques
bouquets d'arbres , occupe les devants et une partie
de la gauche du point de vue. Du côté opposé, un
petit canal sépare ce chemin d'un parterre bordé
d'une double rangée d'ormes, à travers lesquels on
aperçoit une maison de plaisance. C'est sur cette maison, ainsi que sur les arbres et le terrain au milieu
desquels elle est placée, que tombe le rayon de soleil
qui donne à ce paysage un charme tout particulier.
Quelques figures (ouvriers et promeneurs) animent
cette partie du tableau; sur la route se voient des
piétons, des cavaliers et un carosse attelé de deux
chevaux.

L'extrême rareté des ouvrages d'Hobbema, on

pourrait presque dire l'impossibilité de s'en procurer, nous obligent d'appeler sur celui-ci l'attention des amateurs.

86 *bis*. Paysage. — *Bois ; hauteur vingt-deux pouces, largeur trente-un.*

Le point de vue est divisé en deux parties par un large sentier. Celle qui est à la droite du spectateur est occupée par de grands chênes qui masquent de ce côté la campagne, et dont le branchage épais et sombre se détache en vigueur sur un ciel nuageux. Dans la partie opposée, vers le second plan, on remarque des habitations rustiques entourées d'arbres. Un coup de soleil frappe sur ces maisons et sur les objets qui les entourent ; et c'est de cette lumière éclatante et dorée que résulte tout l'effet du tableau. Sur le premier plan s'étend une grande ombre tempérée par le jour qui tombe du ciel.

La composition de ce beau paysage, ou pour mieux dire, le site qu'il représente, n'offre assurément rien d'extraordinaire, néanmoins l'œil s'y attache avec plaisir ; ce qui prouve combien, à l'aspect d'une peinture, on peut être captivé par la seule magie de la couleur. Hobbema s'est principalement appliqué à cette partie de l'art, et l'a portée si loin dans un grand nombre de ses ouvrages, qu'en les voyant, il semble que la peinture ait disparu pour faire place à la nature.

Au mérite, à la puissance de son coloris, s'unit toujours une grande énergie, un piquant abandon, une originalité de pinceau qui décèlent le peintre créateur de son style, ~~et~~ qui n'a eu de maîtres que la nature et son génie.

HOOCH (Pierre de).

87. Conversation hollandaise. — *Toile, hauteur dix-huit pouces neuf lignes, largeur dix-sept pouces deux lignes.*

Le titre de conversation, depuis long-temps usité dans les catalogues, se donne indistinctement à des assemblées de famille et à des réunions galantes. C'est un sujet de cette dernière espèce que nous voyons dans ce tableau de De Hooch. Il se compose de sept personnes, hommes et femmes, tous élégamment vêtus et rassemblés dans une chambre à coucher.

Assise à une table couverte d'un tapis, une des dames de cette société fait une partie de cartes avec son cavalier. Une autre femme, debout, présente au sien un verre de vin, et reçoit en retour un regard tout-à-fait obligeant. Pendant ce temps, un troisième couple, qu'on voit par le dos, au-delà de la table, examine une carte géographique attachée à la muraille. Reste un quatrième homme, qui n'ayant point à qui parler, fume sa pipe en regardant les joueurs.

Une grande fenêtre répand beaucoup de lumière sur toute la scène.

HUYSUM (Jean van).

88. BOUQUET DE FLEURS. — *Bois : hauteur vingt-neuf pouces, largeur vingt-deux pouces quatre lignes.*

Ces fleurs, images parfaites de celles de nos parterres, sont groupées dans un vase de terre jaune, orné d'un bas-relief représentant des jeux d'enfans.

Il y a un choix, un arrangement, des règles à observer dans la représentation des fleurs, comme dans celle de tous les autres objets dont la peinture enrichit sans cesse son vaste et brillant domaine. C'est ce que J. Van Huysum paraît avoir mieux compris qu'aucun autre peintre hollandais. Dans ce bouquet, où brillent la rose rouge et blanche, l'élégante tige de rose-trémière, la délicate tulipe, l'iris, l'œillet, le volumineux pavot, la jacinthe double, l'oreille d'ours panachée, et beaucoup d'autres fleurs de différentes espèces, il est évident que la disposition des couleurs et de leurs nuances n'est point un effet du hasard, mais une combinaison ayant pour but de produire, ici un doux accord, là un piquant contraste, et par-dessus tout un ensemble flatteur. Ces humbles fleurettes des champs ne sont peut-être pas là non plus sans motif. Simples et sans éclat, elles font valoir la beauté privilégiée de leurs sœurs.

À un arrangement plein de goût, à toute la vérité possible s'unit ici l'exécution la plus admirable.

JARDIN (Karel du).

89. Paysage. — *Bois; hauteur dix pouces, largeur
treize.*

Une vallée inculte, marécageuse et baignée de
lagunes; au-delà, des côteaux arides, des monts gi-
gantesques, les uns teints de la couleur azurée du
firmament, les autres colorés par la mourante clarté
du soleil couchant; voilà, avec quelques figurines,
tout le tableau dont nous avons à parler dans cet article. Néanmoins, ce tableau frappe les regards et les
attache parce qu'à sa nudité s'unit quelque chose de
grand. En effet, ces énormes masses de rochers perpen-
diculaires, ces hautes montagnes au front chenu, qui
apparaissent comme de majestueux colosses, entourés
des vapeurs de l'atmosphère, sont l'image d'une nature imposante à laquelle tous les yeux ne sont pas
accoutumés. Assurément un tel point de vue ressem-
blerait à une contrée neuve, ou plutôt à une vallée
déserte, si Karel ne l'eût animé par quelques figures.
Ici, c'est une femme qui mène un enfant par la main;
là, ce sont des vaches qui se reposent sur une pointe
de terre, où l'on remarque à peine quelques indices
de végétation; plus loin, viennent à la file, à travers
un gué, cinq vaches suivies de leurs conducteurs.

Peindre un espace de plusieurs lieues, sur un panneau d'un pied carré; donner de l'intérêt à un pays
aride, c'était une double difficulté que le pinceau de
Du Jardin a complètement vaincue.

90. PAYSAGE PASTORAL. — *Bois ; hauteur douze pouces,
largeur seize.*

Une paysanne gardant un troupeau de sept à huit
brebis, amuse son enfant en lui montrant un petit
chien qu'elle fait tenir droit sur ses pattes de derrière.
La posture inusitée du docile animal excite l'attention de l'enfant, et paraît lui causer quelqu'éton-
nement.

Pour composer ces tableaux délicieux que l'amateur paie si cher maintenant, et qu'il lui est si
difficile, malgré cela, de se procurer, les peintres
hollandais ne se sont point creusé l'esprit. La moindre
scène, les choses les plus ordinaires de la vie, les
objets qu'on voit le plus souvent, devenaient pour
eux des sujets. Mais ces sujets si simples, si naïfs, si
communs, avec quel art ils ont su les rendre ! Les
connaisseurs, en tout pays, paraissent s'en tenir à
cette maxime : « Excepté ce qui déplaît à la vue,
peignez tout ce que vous voudrez ; mais peignez-le
bien. » Cette femme, cet enfant qui s'amusent d'un
petit chien ; ces brebis pressées l'une contre l'autre,
ce peu de paysage ; ce sont là des choses qu'on ne
regarde pas dans la nature, mais qui plaisent dans
le tableau de Karel du Jardin, parce qu'elles sont
rendues avec tant de vérité, que ce n'est pas de la
peinture, mais une espèce de prodige.

91. LE PASSAGE DU GUÉ. — *Bois ; hauteur dix-neuf
pouces, largeur dix-sept.*

A l'avant-scène, un homme marchant à côté d'un

mulet qu'il conduit, vient de sortir d'un gué que traverse une villageoise avec son âne et cinq ou six moutons. Au-delà du gué, en regardant à gauche, on voit plusieurs bouquets d'arbres touffus qui opposent leur sombre branchage à la clarté d'un beau ciel. Du côté opposé s'étend un vaste lointain.

Ou admire ici, comme dans les deux précédens paysages, ce pinceau suave, spirituel et vrai qui est le cachet de toutes les productions du célèbre Du Jardin.

LAIRESSE (Gérard de).

92. Sujet historique. — *Toile; hauteur trente-six pouces, largeur vingt-sept.*

Un jeune homme assis près d'une table couverte d'un riche tapis et sur laquelle sa main gauche est appuyée, fait un récit qu'une belle femme et deux de ses serviteurs placés derrière elle, écoutent avec une profonde attention. Tout près du narrateur et un peu en arrière, est un autre homme coiffé d'un bonnet phrygien. Un pavé de marbre, des murs décorés de pilastres et de tentures, indiquent que cette action se passe dans l'intérieur d'un palais. Mais quelle est cette action, en quel temps, en quel pays se passe-t-elle? nous l'ignorons. Est-ce une entrevue de Marc-Antoine et Cléopâtre? La richesse du lieu porterait à le croire, si le raconteur était moins jeune, et la femme qui écoute moins âgée.

Si l'on ne peut dire ce que représente ce tableau,

on peut du moins affirmer qu'il est du meilleur temps
et de la meilleure manière de Lairesse.

METZU (GABRIEL).

93. JEUNE DAME À SA TOILETTE. — *Bois ; hauteur vingt-*
trois pouces sept lignes , largeur vingt-un pouce.

Le fond de ce ravissant et précieux tableau , où
Metzu a déployé toutes les ressources de son beau
talent , représente une petite chambre à coucher ,
dont l'ameublement consiste en un lit à rideaux , un
grand coffre contre lequel un violoncelle est appuyé ,
un coussin de point de Turquie posé sur un tabouret , et une table placée contre une fenêtre en partie
ouverte , en partie masquée par un grand rideau.
Devant cette table est assise la dame qui s'occupe de
sa toilette. C'est une jeune blonde dont une vieille
gouvernante peigne les cheveux. A l'air avec lequel
elle se regarde dans son miroir , on ne peut douter
du plaisir qu'elle ressent à lui faire dire qu'elle est
aussi fraîche que jolie. Il n'en dirait point autant à
la duègne dont la peau brune et ridée, la mine re-
vêche , forment un si grand contraste avec le sourire et l'éclat de sa maîtresse , avec ses joues rosées
et bien arrondies ; avec ce sein à demi-nu dont un
corset incarnat fait encore ressortir la blancheur. Un
petit peignoir de batiste jeté sur ce corset , un jupon
de soie jaune citron, complètent le négligé de la charmante Hollandaise. Un plat d'argent relevé en bosse,
un écrin d'écaille , une petite bouteille , sont posés

8

sur la table dont le tapis est recouvert d'un linge blanc.

Ce tableau provient d'un cabinet qu'avait formé un amateur de Bruxelles (feu M. Corneille-Louis Reynders), et qui fut vendu en 1821. Il est rare d'en trouver qui flattent plus la vue.

MIEL (LE CHEVALIER JEAN).

94. LA SAINTE FAMILLE.— *Toile; hauteur onze pouces dix lignes, largeur neuf pouces six lignes.*

Le Sauveur, âgé d'environ quatre ans, voyage à pied entre la Vierge et Saint-Joseph, qui le mènent l'un et l'autre par la main. Ses regards tournés vers sa mère semblent indiquer qu'il lui fait part des sons mélodieux qui frappent ses oreilles, et lui en demande la cause. Des anges descendus avec la cour céleste dans les basses régions de l'air, forment en effet un saint concert. le Père éternel, son fils et l'Esprit-Saint ont les yeux fixés sur Jésus.

On ne connait point de petit tableau de piété qui soit plus agréable que celui-ci, et qui réunisse plus de qualités. Il y a de la dignité et de la simplicité; le coloris en est séduisant; le dessin gracieux; l'exécution suave, délicate et du meilleur goût. C'est l'ouvrage, on ne peut s'y méprendre, d'une main également habile à peindre l'histoire et les sujets de genre : tel fut en effet le double talent de Jean Miel. A Rome, on le vit exécuter des fresques et des tableaux d'autel, dont plusieurs existent encore et témoignent en faveur de son génie. En Piémont, où l'avait appelé Charles Emmanuel, duc de Savoie,

qui le nomma son premier peintre et le fit chevalier
de l'ordre de St-Maurice, il surprend tout à-la-fois
par la hardiesse, la beauté et la fécondité de son pinceau. Mais la gloire de cet artiste si favorisé de la
nature, est principalement fondée sur les nombreux
tableaux de chevalet dont il a enrichi les cabinets
des amateurs.

MIERIS (François).

95. MUSICIENNE ÉTUDIANT UN MORCEAU DE CHANT. —
*Bois; hauteur huit pouces, largeur six pouces huit
lignes.*

Une dame Hollandaise, vêtue d'une robe de satin
feuille morte, sans fichu ni coiffure, tient à deux
mains un cahier de musique sur lequel ses yeux sont
fixés, et paraît solfier ou chanter. Une mandoline est
placée devant-elle, sur une table ornée de sculpture
et à moitié recouverte d'un tapis en point de Turquie.

Descamps, dans son ouvrage sur les peintres Flamands, Allemands et Hollandais, dit positivement
que F. Mieris a surpassé son maître, le célèbre
Gérard Dou. Cette opinion n'est pas générale. Mais
de tous les artistes Hollandais qui ont suivi les
erremens de ce dernier, F. Mieris est celui qui mérite la palme. Il a atteint dans son exécution le plus
haut degré de fini possible.

MILÉ (Jean-Francisque).

96. PAYSAGE HISTORIQUE. —*Toile; hauteur trente-cinq
pouces, largeur quarante-sept pouces six lignes.*

Jean-Francisque Milé, le premier de ce nom dans

l'histoire de la peinture, est souvent appelé le *bon*
Milé. Par cette épithète on a voulu le distinguer de
deux de ses fils et d'un petit fils qui, sans avoir hérité de l'excellence de ses talens, comme ils avaient
hérité d'un nom qu'il avait illustré, passèrent néanmoins de leur vivant pour des paysagistes habiles, et
furent faits académiciens. Leurs ouvrages sont maintenant délaissés, même peu connus ; tandis que ceux
de leur père, toujours estimés et recherchés des
gens de goût, sont considérés par les professeurs de
l'art comme de beaux exemples de composition. A
dire vrai, on ne voit rien de la main du *bon* Francisque qui ne soit marqué du sceau des grandes con-
ceptions. Des sites imposans, une nature majestueuse,
un style élevé, font de chacun de ses paysages un
théâtre propre aux sujets héroïques : le Poussin
même dont les sublimes productions l'avaient inspiré,
n'est pas toujours au-dessus de lui.

Le sujet que Francisque a introduit dans ce beau
paysage est tiré du nouveau testament : c'est celui
de la Cananéenne, suppliant Jésus de guérir sa fille
qui était possédée du démon. Suivant le texte sacré,
Jésus ayant dit à cette femme, qui s'était jetée à ses
pieds, le conjurant d'avoir pitié d'elle. « Il n'est pas
» juste de prendre le pain des enfans pour le jeter
» aux chiens. La Cananéenne lui réplique : il est
» vrai, Seigneur, mais les chiens mangent les miet-
» tes qui tombent de la table de leurs maîtres. » Réponse touchante qui montrait sa foi et lui valut la
subite guérison de sa fille.

Jésus est représenté au milieu d'un chemin avec cinq de ses disciples. Il étend la main droite vers la Cananéenne qui est à genoux devant lui. Une montagne, des édifices antiques, une rivière, composent à gauche le fond du tableau. Du côté opposé, vers le second plan, s'élève une colline dont la pente douce présente un chemin sinueux ombragé çà et là par de beaux arbres.

MINDER HOUT.

97. MARINE. — *Toile; hauteur soixante pouces, largeur quatre-vingt-quatre.*

Ce tableau représente un vaste port rempli de vaisseaux de guerre et de navires de commerce. Un de ces vaisseaux, les voiles déployées, annonce ou son arrivée ou son départ par plusieurs coups de canon ; d'autres sont désarmés ou en carène. Au premier plan est un quai, où sont rassemblés des marins et des promeneurs.

98. PORT DE MER. — *Toile ; hauteur soixante pouces, largeur quatre-vingt-quatre.*

Sur un quai, à l'avant-scène du tableau, un gentilhomme en manteau rouge donne ses ordres à deux marins placés à côté d'objets qu'ils viennent de débarquer. A ce quai, et un peu plus loin, au pied d'un rocher surmonté d'une tour, sont amarrés plusieurs navires; d'autres entrent dans le port et tirent le canon par forme de salut.

Les marines de Minder Hout sont assez rares. Celles-ci, par leur bel aspect et leur grande dimen-

sion, orneraient convenablement les hauts d'une
galerie.

MOMERS (Henri).

99. Paysage pastoral. — *Bois; hauteur vingt pouces, largeur vingt-neuf.*

Un jeune mendiant se réconforte d'une tasse de
lait qu'il vient d'obtenir de la charité d'une paysanne
gardant un petit troupeau de chèvres et de brebis.
Près de cet enfant est un vieillard, nu tête et appuyé
sur son bâton, qui paraît attendre le même secours.
Le paysage représente une chaîne de montagnes
situées sur le bord de la mer.

Ce tableau est un de ceux où Momers suit de près
les traces des meilleurs peintres d'animaux.

MOUCHERON (Frédéric).

100. Paysage. — *Hauteur vingt-quatre pouces,
largeur trente.*

A droite, une rivière bordée de côteaux couverts
d'arbres, remonte en serpentant vers un lointain
parsemé de fabriques et terminé par des montagnes.
Du côté opposé s'élèvent, par bouquets, des arbres
d'un feuillé léger, et plantés aux deux bords d'un
chemin où frappent les rayons du soleil. Des figures,
des animaux enrichissent cette partie du tableau, et
l'éclat dont elle brille, forme avec l'ombre du premier
plan, la plus heureuse opposition.

Ces figures sont du meilleur *faire* d'Adrien Vanden Velde. Pour le paysage, il est si supérieur à tous ceux de Moucheron qui nous sont connus, que nous ne craignons pas de l'égaler aux plus beaux ouvrages J. Both. L'instant choisi par le peintre est celui d'une belle soirée d'été.

Ce tableau, qui provient du charmant cabinet de M. Clos, en était, sans contredit, l'un des principaux ornemens.

NEER (A. Vander).

101. PAYSAGE AVEC EFFET DE LUNE. — *Toile; hauteur quarante-quatre pouces, largeur cinquante-six.*

Au jour prêt à s'éteindre se mêle la naissante clarté de la lune, dont le disque argenté apparaissant à travers un amas de nuages, vient de franchir l'horizon. Telle est l'espèce de lumière que Vander Neer a voulu répandre sur ce beau tableau : lumière douce dans les endroits qu'elle peut atteindre, mais vague et participant de l'obscurité de la nuit, dans ceux où quelques ombrages l'empêchent de pénétrer.

Quant au site, il est de la nature de tous ceux que l'auteur a pris plaisir à représenter : c'est une plaine marécageuse, bordée à main gauche par de riches habitations, et terminée à droite par des arbres, entre lesquels on aperçoit quelques maisons rustiques et un clocher. Un petit enclos, plusieurs chemins, beaucoup d'arbres, des mares, une rivière sur laquelle on distingue plusieurs barques vers l'horizon, baignent, divisent et enrichissent toutes les autres parties du point de vue.

De tous les ouvrages de Vander Neer qui ont excité l'admiration, celui-ci n'est pas seulement le plus capital; c'est encore l'un des mieux peints, des plus extraordinaires et des plus parfaits: c'est une de ces pages remplies de verve, où il arrive parfois à l'homme de génie de se surpasser. Du reste, quel autre que Vander Neer a jamais rendu, d'une manière aussi frappante, ce mélange difficile de deux lumières différentes, unies aux premières ombres de la nuit; cet effet de crépuscule auquel le lever de la lune mêle quelque chose de si piquant.

De belles figures peintes par Cuyp, et dont toutes les actions concordent avec la fin de la journée, ajoutent encore au mérite de ce tableau. Sur le premier plan, dans un petit enclos, c'est une servante qui, venant y traire des vaches, est rencontrée par un paysan avec qui elle s'amuse à causer; plus loin, c'est un autre homme revenant de son travail et conduisant deux chevaux de trait; ailleurs, ce sont deux opulens personnages, prenant le frais sur un petit pont, devant la porte de leur noble habitation.

Jamais Vander Neer n'a porté plus loin qu'ici l'enchantement de son coloris; jamais il ne s'est joué plus heureusement avec les difficultés de son art; jamais enfin il n'a peint avec plus de chaleur.

ORRIZONTI (François Van Bloemen, dit).

102. Paysage. — *Toile ; hauteur trente-cinq pouces, largeur quarante-huit pouces neuf lignes.*

Un terrain inégal, parsemé de plantes et divisé par un étroit sentier, compose l'avant-scène de ce paysage. Les autres plans, enrichis d'arbres et d'une verdure non interrompue, s'étendent jusqu'à une montagne dont la base est remarquable par une espèce de voûte formée de rochers, et de dessous laquelle s'échappent les eaux d'une rivière.

Les ouvrages d'Orrizonte ressemblent singulière-ment à ceux du Gaspre ; même choix de sites, même manière de faire, même coloris.

OSTADE (Adrien).

103. L'estaminet hollandais. — *Bois ; hauteur dix-neuf pouces, largeur dix-sept.*

Plusieurs habitués d'un estaminet hollandais sont réunis dans une grande salle et se livrent aux plaisirs d'usage en pareil lieu ; mais une femme et quatre hommes autour d'une table attirent particulièrement les yeux du spectateur. A côté d'eux est un joueur de violon dont la posture est si expressive que c'est la nature même prise sur le fait. Ce musicien est encore un des principaux personnages de la scène : avec quelle attention il accompagne la voix de la femme, pendant qu'elle régale d'une chanson qu'elle a en main, les autres personnes de son écot. Un vieillard armé d'une cruche et l'œil fixé sur la chanson, a tout l'air de vouloir unir sa voix chevrotante à celle de la chanteuse, derrière laquelle il est placé; un second, vu de profil, accoudé sur la table et soutenant sa tête de la main gauche, se contente de marquer la mesure. Leurs camarades, moins amateurs de chant, s'amusent à parler. Dans le fond de la salle d'autres buveurs se tiennent devant la cheminée. Un tabouret triangulaire, sur lequel sont posés une pipe, un plat et un verre rempli de bière, un chaudron avec son couvercle, et plusieurs autres objets de ce genre achèvent de nous peindre l'intérieur d'un estaminet. On remarque de plus dans celui-ci un petit escalier de bois conduisant à une chambre qu'éclaire une croisée. On ne peut louer autrement cet admirable tableau qu'en le classant parmi les chefs-d'œuvre.

104. L'ADORATION DES BERGERS. — *Toile; hauteur dix-sept pouces, largeur quinze.*

Ce précieux tableau provient de la magnifique galerie de Hesse-Cassel, l'une des plus fameuses que l'Allemagne ait possédée. Quoique la scène qu'Ostade y a représentée, n'ait rien de commun avec les sujets auxquels cet artiste avait consacré ses naïfs pinceaux, il n'en est pas moins vrai de dire qu'elle ne laisse rien à désirer dans la partie la plus difficile de l'art, dans celle qui distingue les grands maîtres, on veut dire l'expression. Il a eu sa part du feu divin le peintre qui sait, n'importe dans quel genre de sujets, animer sa toile et donner une âme à ses figures!

Le Messie est couché dans une crèche, le corps enveloppé et la tête sur un oreiller. A sa droite, est assise la Vierge mère qui vient de lui donner le jour. Elle a la tête appuyée sur sa main gauche ; ses regards, attachés sur son fils, accusent un profond recueillement. A terre, près d'elle, est un panier rempli de provisions. A la gauche du Sauveur sont groupés quatre vieux pâtres accompagnés d'une femme, tous dans des attitudes différentes, et néanmoins unis de sentimens et d'action. L'un d'eux, la main à son bonnet, avance la tête au-dessus de celle du fils de Marie, et le considère avec une attention qui révèle bien que cet enfant est pour lui un être extraordinaire, et un sujet de pensées dans lesquelles son esprit se confond. Un autre est à genoux au pied de la crèche ; l'humilité de cette posture, ses mains jointes, ses traits empreints de piété expriment une foi vive et une fervente dévotion. Les deux autres pasteurs, bien que restés debout, n'en paraissent pas moins pénétrés de toute la vénération due au nouveau-né. Saint Joseph, un livre à la main, est placé derrière la Vierge, et les hommages qu'on rend au Sauveur lui causent une douce satisfaction. Ostade a encore très-bien rendu l'innocente curiosité d'un enfant placé à la tête de la crèche. On voit arriver dans l'étable une femme et un petit garçon ; le bœuf et l'âne sont acteurs obligés dans cette scène.

La tradition rapporte qu'Ostade peignit ce tableau à l'occasion de la naissance de l'un de ses enfans. Que cela soit ou ne soit pas, n'importe. Ce qu'on

peut affirmer, c'est qu'Ostade a fait un admirable tableau, et que s'il n'y a pas observé les convenances
historiques, il y a du moins montré qu'il savait rendre la nature avec une étonnante perfection.

OSTADE (Isaac.)

105. Halte de voyageurs a la porte d'un cabaret.
— *Toile ; hauteur trente-huit pouces six lignes,
largeur cinquante-trois pouces six lignes.*

Isaac Ostade aimait beaucoup à introduire dans ses
paysages quelques masures ou chaumières bien pittoresques, qu'il rendait toujours avec une piquante
vérité. De ce genre est le cabaret qu'on voit à la
droite et sur le premier plan de ce tableau. Cette
maison, où l'on arrive par un petit escalier de bois
très-étroit, et dont le toit est de chaume, est cons-
truite sur les murs tapissés de lierre d'un ancien édifice. La cabaretière est debout avec un enfant dans
ses bras à la porte de sa maison ; deux autres enfans
s'amusent au bas de l'escalier, et forment un grand
contraste d'âge et de fraîcheur avec un vieillard qui
ne marche plus que courbé et appuyé sur un bâton.
Près de ce cabaret sont réunis cinq voyageurs, mili-
taires et gens de village, ayant tous la pipe, le verre
ou la cruche à la main. Ces hommes et plusieurs autres qui forment un groupe de causeurs, viennent de
descendre d'un chariot de poste dont le conducteur
s'est arrêté pour faire manger et reposer ses chevaux.
Tout à côté et en avant de cette voiture, est une
charette attelée d'un cheval. Une femme est assise

sur le devant ; derrière elle est le charretier qui dé-
livre un ballot à un paysan. Un valet de ferme conduisant une vache , ajoute encore de la variété à ces
petites scènes dont l'ensemble désigne un retour de
marché. Sur un plan reculé , on aperçoit l'habitation
et la forge d'un maréchal-ferrant.

Ce tableau qui est regardé comme l'un des plus
capitaux de l'auteur, réunit à la richesse et à l'amusante variété des détails , à beaucoup de vie et d'action , une exécution forte, un coloris plein de chaleur, et cette savante combinaison de lumière et
d'ombre sans laquelle il n'y a point d'effet en peinture. Chaque figure est très-expressive , chaque attitude naturelle , chaque accessoire placé à propos et
parfaitement rendu.

106. Repos de voyageurs. — *Bois ; hauteur dix-neuf
pouces , largeur dix-sept.*

Un militaire hollandais en voyage avec sa femme
et deux enfans en bas âge , n'a pour leur alléger les
fatigues de la route, que l'humble assistance d'un baudet. Vers le milieu du jour, la petite famille , sentant
le besoin de faire une pause , s'est arrêtée sur le
bord d'un chemin. Là, pour se remettre de sa lassi-
tude, l'homme s'est couché à plat ventre sur le gazon ; et c'est à qui dormira le mieux de lui ou de ses
deux enfans. Le plus jeune de ceux-ci est étendu sur
les genoux de sa mère, l'autre est assis à côté d'elle
la tête appuyée sur sa main. Les poses de ces diverses
figures sont vraiment significatives, et l'on doute qu'il

fût possible d'en trouver de mieux appropriées au
motif qui en a déterminé le choix. Cette femme qui
veille pendant le sommeil de ses enfans est encore
une idée juste : on sait quelle est la sollicitude d'une
mère. Le baudet, debout près de son maître, attend
avec patience qu'on lui rende sa charge; à son bât
est attachée une pièce de gibier. Un chien est couché aux pieds de sa maîtresse. Avec cette femme
cause un villageois qui tient un coq par les pattes,
et que suit un jeune garçon portant un panier de
volailles au bout d'un bâton ; c'est sans doute un
pourvoyeur qui se rend à quelque marché dans le
voisinage. Il y a dans sa manière d'être la rusticité
de sa condition : c'est bien un paysan. Au haut du
chemin est une maison entourée d'arbustes et d'arbres, près de laquelle passent deux hommes à cheval
et un autre à pied. Un chien buvant à une mare,
une espèce de barrière, des saules sans branches enrichissent encore le devant de ce tableau, que nous
classons parmi ceux qui font le plus d'honneur au
pinceau d'Isaac Ostade.

107. VUE D'UN CANAL GLACÉ. — *Bois; hauteur vingt-
un pouces six lignes, largeur trente-huit pouces
neuf lignes.*

Personne n'ignore qu'en Hollande, quand les eaux
sont gelées, on est forcé de remplacer l'usage des
barques par celui des traîneaux. On voit ici, au bas
d'une digue, sur le bord d'une rivière glacée, deux
voitures de ce genre, et à chacune d'elle un cheval

de trait. Dans l'une sont placées deux femmes, et vis-à-vis d'elles deux hommes bien enveloppés de leurs manteaux. Le conducteur, à la tête de son cheval, paraît attendre le second traîneau dont un homme arrange le siége. Ce dernier est destiné à deux époux menant avec eux deux enfans, dont le plus jeune donne la main à sa mère. Près delà est un jeune garçon qui attache ses patins. Beaucoup d'autres enfans du voisinage s'amusent de tous côtés sur la glace du canal; celui-ci à se promener dans un petit traîneau qu'il fait glisser au moyen de deux bâtons ferrés; ceux-là à pousser les traîneaux de leurs camarades; d'autres à lancer des balles à coups de crosses. Dans le nombre, on en remarque un qui s'est laissé tomber, en faisant rouler un cerceau. Parmi plusieurs maisons attenantes l'une à l'autre, et rangées à main gauche sur la digue, on distingue un cabaret à la porte duquel est un chariot de poste. De ce côté, on remarque encore différens personnages, et entr'autres un homme et une femme dont le costume annonce une condition au-dessus du commun. Dans le lointain, on aperçoit çà et là quelques patineurs allant et venant sur le canal. Des barques sont engagées dans la glace près de la rive opposée. Le soleil près d'achever sa course commence à rougir l'horizon.

Quarante personnages animent cette peinture. Il est inutile de dire que le site, l'action des figures et tous les détails en général y sont comme dans les deux tableaux suivans d'une vérité admirable.

108. Vue d'un canal glacé. — *Toile ; hauteur trente-six pouces neuf lignes, largeur quarante-quatre pouces trois lignes.*

Dans des tableaux dont le motif est le même, l'auteur ne peut guère éviter de reproduire une partie des mêmes scènes et des mêmes actions. Mais il faut qu'il les expose différemment s'il ne veut pas qu'on l'accuse de se répéter. Isaac Ostade, dans cette seconde représentation d'un canal glacé et dans la suivante, s'est mis à l'abri de ce reproche, en prouvant qu'on peut retracer les mêmes objets sous beaucoup d'aspects différens.

Sur le devant de ce tableau, à main gauche, sont représentés une femme et un enfant regardant un homme qui fend à coups de hache la glace d'un canal pour y puiser de l'eau. Du côté opposé est un homme qui rattache ses patins ; un enfant en jaquette et un petit garçon sont arrêtés près de lui. Un peu plus loin, trois voyageurs remplissent un traîneau attelé d'un cheval blanc, qui descend sur le canal au moyen d'un petit pont volant. D'autres traîneaux, des patineurs, des bateaux engagés dans la glace, une digue à chaque côté du canal, enrichissent et composent les autres plans du tableau.

109. Autre vue de Hollande en hiver. — *Toile ; hauteur trente-quatre pouces six lignes, largeur quarante-quatre pouces.*

C'est encore un canal glacé, bordé à droite par

une digue élevée, sur laquelle on voit, de distance en distance, un cabaret et d'autres maisons. Sur le canal une dame hollandaise, vêtue de noir, est assise à côté d'un *mynheer* dans un traîneau attelé d'un cheval blanc, dont le conducteur fait ses préparatifs de départ; un villageois et plusieurs enfans sont arrêtés autour de ce traîneau. Un petit garçon regardant son camarade qui attache ses patins, et beaucoup d'autres personnages animent toutes les parties du point de vue.

Dans ce tableau et dans le précédent, le mérite du pinceau répond complètement à la richesse de la composition.

POELENBURG (Corneille.)

110. Paysage avec figures représentant une bacchanale. — *Bois; hauteur vingt-neuf pouces, largeur cinquante-quatre.*

Plus abondant qu'il n'avait coutume de l'être, Poelenburg a répandu sur ce paysage quarante et quelques figures, hommes, femmes, enfans, satyres et animaux. Il y a aussi tellement dépassé les dimensions ordinaires de ses ouvrages, que nous nous croyons doublement en droit de le signaler comme le morceau le plus capital qui soit sorti de ses mains.

Dans le lointain est représenté le vieux nourricier de Bacchus, soutenu sur son âne et environné d'une partie de son joyeux cortège. Une autre partie, dis-

persée sur le premier plan, nous offre çà et là des
satyres, des bacchantes et des enfans. Ces derniers
agiles et vifs s'amusent avec un bouc que l'un d'eux
a enfourché, tandis que leurs pères, excités par les
vapeurs du vin, s'abandonnent à leur pétulante
gaieté.

Toutes les parties de cette amusante peinture sont
remarquables par cette beauté d'exécution qui distingue le talent de Poelenburg.

POTTER (Paul.)

111. LE PATURAGE. — *Bois; hauteur quinze pouces
dix lignes, largeur quatorze pouces.*

Trois vaches et un bouquet d'arbres sur le devant
d'un paturage ; tels sont les objets dont se compose
ce beau tableau ; cela dit il n'y reste plus rien à décrire. Cependant telle est la magie, tel est le charme
inexprimable de cette peinture si simple, si dépour-
vue d'action, d'intérêt même, qu'elle nous plait,
nous attache et nous retient malgré nous. Dix fois on
s'en éloigne, dix fois on y revient ; et toujours elle
fait éprouver la même surprise et le même plaisir.
Mais aussi, que de correction dans le dessin de ces
animaux ! qu'elle justesse dans leur pose ! qu'ils expriment bien tout ce qu'il y a de paisible dans leurs
habitudes ! et que l'art a de puissance, quand il s'é-
lève à ce degré de perfection !

Deux de ces vaches sont debout et vues de profil,
ou à peu prés ; la moins éloignée est d'un gris salé,

l'autre roussâtre; la troisième, dont le poil blanc est parsemé de taches rousses, est représentée couchée.

Paul Potter fut tellement favorisé de la nature, qu'on pourrait presque dire qu'il naquit peintre. De là, ce tact exquis pour saisir la forme, ce goût, ce sentiment de la couleur, cette imitation de la vie même, qui lui ont valu le premier rang entre tous les peintres d'animaux. On ne parle pas de la rareté, du grand prix de ses ouvrages, ce sont deux choses que personne n'ignore.

Ce tableau est ainsi signé : Paulus Potter, an° 1651, époque qui se rapporte au meilleur temps de cet artiste si justement célèbre.

PYNAKER (Adam.)

112. PAYSAGE. — *Toile; hauteur treize pouces dix lignes, largeur dix-sept pouces trois lignes.*

Un chasseur couché à plat ventre, un autre debout, le fusil sur l'épaule, et causant avec un troisième qui est assis à côté de plusieurs chiens, attendent sur une petite éminence revêtue de gazon, rendez-vous convenu, deux de leurs compagnons de chasse, qui se dirigent vers eux. Quelques broussailles, des arbustes et deux arbres dont le feuillage est tant soit peu doré, entourent et couronnent cette éminence. De là, les yeux peuvent se promener sur un vaste lointain, où des montagnes opposent une insurmontable barrière aux eaux de la mer.

Dans toutes les parties de ce délicieux paysage se montre l'exécution facile, originale et piquante qui distingue les productions de Pynaker. Les figures dont il est orné sont de la main de Lingelbach, et d'une exécution tout à la fois spirituelle et très-finie.

113. Paysage. — *Toile; hauteur quatorze pouces, largeur seize.*

Au premier plan, un bac et un bateau destiné au transport des marchandises, sont amarrés au rivage d'un fleuve, dont le cours sinueux se prolonge jusqu'à l'extrémité du point de vue. Deux mariniers sont assis sur le tillac du bateau et font la conversation; un troisième debout est appuyé sur la barre du gouvernail. Sur le rivage, un homme et une femme attendent pour mettre le pied dans le bac, où se trouvent déjà trois passagers et plusieurs animaux, qu'on soit parvenu à y faire entrer une vache qui refuse d'obéir à son conducteur. Le mouvement rétrograde de la bête rétive indique qu'elle ne quittera pas volontiers le plancher sur lequel elle est accoutumée. A droite, au-delà du fleuve, on remarque particulièrement une grande maison qui a toute l'apparence d'une hôtellerie; du côté opposé, une colline borde une partie du fleuve. Un peu d'obscurité répandue sur la terre indique le prochain retour de la nuit.

———

114. Paysage. — *Toile ; hauteur vingt-huit pouces,*
largeur vingt-un.

Au premier plan, à droite, près d'un reste de tronc de bouleau qui se groupe avec des plantes sauvages, se voient une vache, un jeune bélier et un agneau. Deux arbres, presque sans branches, enrichissent encore cette partie du tableau ; dans l'autre partie, au travers d'une échappée de vue, on aperçoit une femme à cheval, et derrière elle un pâtre conduisant un troupeau.

C'est particulièrement dans les paysages de l'espèce de celui-ci, que Pynaker ne ressemble à aucun autre peintre. Ces pieds de bouleaux, qu'il aimait à peindre, ces plantes qui se groupent ensemble tout à côté, sont rendus avec perfection ; toutes les autres parties du tableau sont encore autant de témoins de l'heureuse facilité de son pinceau.

115. Paysage. — *Bois ; hauteur vingt-un pouces,*
largeur vingt-cinq.

Un homme et une femme, assis l'un près de l'autre, sur le bord d'un chemin, paraissent attendre deux vaches qui boivent à une mare. À quelque distance d'eux est un autre homme qui gagne son habitation. La couleur dorée du ciel indique que le coucher du soleil n'est pas éloigné.

Une couleur transparente et chaude, une harmonie parfaite, une exécution ferme et spirituelle, mériteront à ce tableau les suffrages des connaisseurs, en leur rappelant tout à la fois et le piquant de Both d'Italie, et les tons brillans d'Albert Cuyp.

116. PAYSAGE. — *Bois ; hauteur dix-huit pouces, largeur quinze.*

Ce tableau provient du cabinet Saint-Victor. Voyez le N° 97 du catalogue.

Au premier plan, à notre gauche, se présente une éminence dont la partie supérieure est masquée par les rameaux de plusieurs arbres. Une villageoise, triste et rêveuse, a choisi cet endroit pour se reposer. Deux brebis sont couchées près d'elle ; à ses pieds est une chienne avec deux de ses petits. Un cheval blanc, sans aucun harnois, attend cette femme au milieu d'un chemin, à l'extrémité duquel on aperçoit un paysan marchant avec un bâton. Les autres parties de ce paysage n'offrent plus à la vue qu'un pays découvert et terminé par des montagnes, dont les sommets élevés et vaporeux se dessinent à peine au milieu des airs. Le soleil près de se coucher imprime aux nuages et à toute la campagne la brillante couleur de ses derniers rayons.

PYNAKER (GENRE DE).

117. PAYSAGE. — *Bois ; hauteur quinze pouces deux lignes, largeur onze pouces dix lignes.*

Une rivière formant plusieurs cascades en-deçà d'un pont en partie ruiné et mal réparé, baigne la gauche de ce paysage ; à droite, on voit un homme qui fait paître des vaches. Les plans reculés offrent à la vue un pays montagneux.

REMBRANDT (Paul) VAN RHYN.

118. Portraits de deux époux. — *Toile ; hauteur quarante-huit pouces , largeur soixante.*

Descamps , dans son ouvrage intitulé *la Vie des peintres flamands , allemands et hollandais* , dit vers la fin de la note qu'il a consacrée à Rembrandt, que parmi douze tableaux de cet artiste qui faisaient partie du fameux cabinet du comte de Vence, il y en avait un où l'on voyait *le portrait d'un grand seigneur et celui de sa femme représentés jusqu'aux genoux , de grandeur naturelle , habillés d'hermine, etc., avec un fond de paysage.* Cet admirable tableau est aujourd'hui dans la riche collection de M. Érard , et c'est lui que nous venons d'inscrire sous le titre de *portraits de deux époux.*

Ces deux nobles personnages sont côte à côte et se donnent la main. Leur costume est de la plus grande richesse. La femme porte une mante d'hermine sur une robe de soie blanche qu'accompagne deux chaînes d'or, l'une mise en ceinture ; l'autre tombant autour de la gorge en forme d'esclavage. Un collier de perles fines orne son cou, et un peu au-dessous, comme pour contraster avec la blancheur de sa chair, descend un second collier de cordonnet noir auquel pend une croix. Parés, au-dessus du front, d'un enchaînement de pierreries

qui forme une espèce de couronne, les cheveux de
cette dame tombent bien peignés du sommet de la
tête sur les épaules, et sont couverts par derrière
d'un voile de gaze noire. L'homme n'est ni moins
élégamment ni moins magnifiquement vêtu. Il a sur
la tête une toque noire sur laquelle voltige un panache blanc; et sur le corps un manteau de velours
couleur de feuille morte et orné tout autour d'une
riche broderie d'or.

119. Portrait de Martin-Karpertz-Tromp, amiral
hollandais. — *Bois; hauteur trente-trois pouces,
largeur vingt-sept.*

Le vaillant et célèbre marin est représenté de
trois quarts par la droite, le visage dans la demi-
teinte, et la main gauche appuyée sur un bâton.
Son corps, développé jusqu'aux hanches, est couvert d'un surtout à manches tailladées, échancré à
l'endroit de la poitrine comme le corsage des femmes,
et accompagné d'une chemisette à petites broderies
noires, fermée sous le menton. Une écharpe en
sautoir et dont les bouts sont cachés sous l'habit,
complète cet ancien costume, qu'on retrouve, à peu
de choses près, dans celui des hommes qui ont vécu
dans les quinzième, seizième et dix-septième siècles.

Des traits mâles, une contenance assurée, de la
noblesse unie à beaucoup de simplicité, donnent
une grande expression à ce beau portrait. Dans la
demi-teinte qui l'enveloppe et qui va si bien à sa
gravité, on pourrait voir une pensée philosophique,

une allusion dont Rembrandt était bien capable.
Martin Tromp, indifférent pour les titres honori-
fiques, pour les choses d'apparat, modeste au plus
haut point, ne dut trouver du plaisir à se montrer
que quand il était en présence des ennemis de sa
nation. Au surplus, quelqu'ait été l'intention du
peintre, cette ombre répandue sur la figure d'un
tel homme sied bien à son caractère.

Ce portrait, si remarquable comme monument de
peinture historique, ne l'est pas moins comme morceau de cabinet. C'est un de ceux où le génie de
Rembrandt, où la puissance de son coloris, l'habileté de son pinceau, se manifestent dans toute leur
originalité.

120. PORTRAIT D'HOMME. — *Toile ; hauteur vingt-neuf
pouces, largeur vingt-quatre pouces trois lignes.*

Cette tête sur laquelle ne tombe que peu de jour,
et qu'environnent de grandes ombres, n'a point ce
brillant qui fait une vive impression sur la vue.
Mais elle est remarquable par cette profondeur, cette
fusion de teintes harmonieuses et transparentes,
par cette magie, pour m'exprimer suivant l'usage,
que le célèbre Rembrandt découvrit le premier dans
les couleurs de sa palette, et qui est encore un secret pour beaucoup de peintres d'un grand mérite.
Ajoutons à cette qualité une exécution large, un
modelé savant, et nous n'aurons rien dit de trop à
l'éloge de ce portrait.

On croit que c'est celui du père de Rembrandt.

Sa tête est nue, son visage, vu de trois quarts, est caractérisé par des traits fortement prononcés; son expression, d'accord avec la simplicité de son vêtement, indique un homme du commun.

121. PORTRAIT DE LA MÈRE DE REMBRANDT. — *Bois forme ronde; hauteur vingt-cinq pouces neuf lignes, largeur vingt pouces neuf lignes.*

Elle est représentée en buste, presque de face, avec une cornette de batiste fine, une fraise à petits godrons et une robe noire.

Rien de plus étonnant que cette figure pour le relief, la vigueur et le prestige du coloris.

122. L'ÉDUCATION DE JOAS. — *Bois; hauteur quinze pouces, largeur douze.*

Le fond du tableau représente un endroit un peu obscur, dépendant de l'intérieur d'un temple. Sur le devant est assise une vieille femme qui enseigne à lire à un enfant. Cette femme, pour rapporter l'intention de Rembrandt, est Josabeth, épouse du grand prêtre Joiada, instruisant en secret le petit Joas, qu'elle a eu le bonheur de dérober à la cruauté d'Athalie. L'enfant est à genoux et familièrement appuyé sur celle qui lui sert de mère; la soumission est peinte sur sa figure.

Sur un plan reculé et dans l'ombre, se voient encore trois personnages parmi lesquels se trouve une femme tenant un enfant dans ses bras. C'est appa-

remment un second épisode tiré de la vie de Joas,
où Rembrandt a voulu montrer Josabeth apportant
aux prêtres du temple l'enfant royal qu'elle vient de
sauver.

Ce petit tableau est au-dessus de tout éloge. Il
charme par cette exécution pleine d'énergie, cet
effet magique, cette piquante originalité qui ont fait
de Rembrandt un chef d'école; on pourrait presque
dire, un peintre à part.

123. Le Bénédicité. — *Toile ; hauteur cinquante
pouces six lignes, largeur quarante pouces six
lignes.*

Seigneur, bénissez la nourriture que nous allons
prendre, etc. Telle est évidemment l'invocation
qu'est censé faire le couple de vieux et fidelles époux
que Rembrandt a représentés sur cette toile. Ils sont
simples comme tout ce qui les entourent, et le repas
qu'ils vont prendre consiste en une jatte de lait
placée sur une petite table à côté d'eux. La femme,
assise en face du spectateur, a les mains jointes et les
yeux abaissés vers la terre. Le vieillard, dont la partie inférieure du corps est cachée par la table, est
debout, la tête nue et les regards tournés vers le
ciel. Ses traits n'ont rien de grand, il est vrai; mais
ce n'est pas là ce qu'il faut chercher dans un ouvrage de Rembrandt. En revanche, que d'onction,
et qu'ils expriment bien, ainsi que ceux de son épouse,
l'humble ferveur d'une âme pénétrée d'une profonde
piété! Pourquoi cette colombe placée sur la tête de

cette femme? serait-ce pour nous faire entendre que l'esprit saint réside en elle et la guide dans chacune de ses actions? Un reste d'ébauche effacé indique que l'auteur avait eu l'intention d'introduire une troisième figure dans ce sujet, celle d'un enfant appuyé sur les genoux de sa mère; un caprice la lui a fait supprimer. Rembrandt a souvent fait de ces changemens dans ses compositions; on en juge surtout par plusieurs de ses gravures et de ses dessins.

124. L'Usurier. — *Toile; hauteur quarante-six pouces, largeur trente-neuf.*

L'amour de l'argent est la passion ordinaire des vieillards; il était donc convenable de représenter l'usurier dans un âge avancé. La plume qu'il taille, le grand registre ouvert et posé sur une table devant lui, indiquent qu'il se dispose à inscrire quelque opération de finance. A sa droite des liasses de papiers et une horloge de sable sont posées sur un buffet; au-dessous de ces liasses trois gros sacs d'écus pressent de grands livres de compte.

Ce bon tableau portant la signature de Rembrandt avec la date de 1647, diffère un peu des autres ouvrages de ce maître: l'exécution en est plus arrêtée; il y a moins de chaleur et de suavité dans le coloris.

RUBENS (P.-P.)

125. Jésus bénissant les enfans. — *Bois ; hauteur trente-sept pouces six lignes, largeur soixante-deux pouces.*

L'évangéliste Saint-Marc nous dit, qu'on vint présenter de petits enfans à Jésus, afin qu'il leur imposât les mains et les bénît. Mais ses disciples repoussant par de rudes paroles les personnes qui les lui présentaient, soit qu'ils regardassent cela comme une familiarité déplacée, ou qu'ils ne voulussent pas être interrompus pendant leurs entretiens avec leur maître ; Jésus profita de cette circonstance pour leur donner, ainsi qu'à tous les hommes, la plus sage des leçons, et pour leur apprendre de quel esprit doivent être animés ceux qui désirent être de son église... « Laissez venir à moi les petits enfans, leur » dit-il. Heureux ceux qui auront leur candeur et » leur innocence ; car le royaume de Dieu est pour » ceux qui leur ressemblent. » En disant ces paroles, Jésus embrassa les enfans et les bénit, en leur imposant les mains.

Les prédications de Jésus attiraient autour de lui une foule d'auditeurs qui étaient touchés de la sagesse et de la simplicité de ses préceptes. Il n'est donc pas étonnant que des mères de famille s'empressassent de le prier de toucher leurs enfans, dans l'espoir que ses bénédictions influeraient sur le bonheur à venir de ces êtres qui leur étaient si chers.

Tel est le sujet de la scène représentée dans ce

tableau, où Rubens, toujours coloriste par excellence, toujours habile à donner à chacune de ses figures l'apparence de la vie et de la pensée, se montre dans toute la plénitude de son sublime talent. Il a supposé que dans un moment où Jésus, assis à la porte d'une ville ou d'une bourgade, s'entretenait avec sept de ses disciples, trois femmes se sont approchées de lui, pour l'inviter à bénir des enfans qu'elles portent dans leurs bras. Une d'elles s'inclinant un peu lui présente le sien. Jésus prend la main de cet enfant, regarde les autres, et est censé prononcer les paroles mémorables que nous venons de rapporter ; on n'en peut douter en examinant l'expression de son visage. Les disciples l'écoutent avec surprise et respect. Quelques-uns, confus de leur brutalité, semblent regretter de n'avoir pas mieux lu dans la pensée de leur maître. La femme qui présente son enfant est visiblement touchée de la bonté de Jésus. Les deux autres, placées derrière elle, leurs enfans au cou, manifestent une douce satisfaction.

Cette riche composition d'un peintre qui n'a point eu son égal dans l'École des Pays-Bas, et dans laquelle on compte quinze figures, réunit à une admirable facilité de pinceau, à des expressions fortes, justes et variées, les charmes inexprimables d'un coloris qui rivalise avec la nature même pour sa fraîcheur et sa vérité.

126. La Sainte-Famille accompagnée de Sainte-Élisabeth et de Saint-Jean-Baptiste enfant. — *Bois; hauteur quarante-un pouces, largeur trente-trois.*

Ce groupe de cinq figures réunies dans un petit espace, nous offre, dans toute la simplicité de la nature, l'image du bonheur dont jouirent les parens de Jésus pendant ses premières années. Rubens ne pouvait manquer d'y observer l'unité d'intérêt toujours si nécessaire pour faire ressortir l'action principale.

Cette action consiste dans les caresses enfantines que le Sauveur fait à la Vierge Marie, dans la joie de cette tendre mère, et enfin dans l'attention réfléchie des trois autres personnages qui sont témoins de cette petite scène.

Assise sur un banc, au milieu de la composition, la Vierge tient sur ses genoux l'Enfant Jésus qui vient de se réveiller et de sortir de son berceau. Les caresses qu'il fait à sa mère en lui passant la main sous le menton, occupent les regards de son petit cousin, ainsi que ceux de Sainte-Elisabeth et de Saint-Joseph. Celui-ci est représenté à la droite de son épouse; devant elle est le précurseur accompagné de son agneau; du côté opposé, en arrière de Marie, est Sainte-Elisabeth, debout, la main droite appuyée sur la tête du berceau.

Ce tableau, aussi précieux qu'il est agréable, a fait partie des richesses pittoresques du fameux amateur Poullain. Voici les termes dans lesquels feu

Pierre Lebrun en a parlé dans le Catalogue qu'il fit
en 1780, du cabinet de cet amateur : « Il n'est point
» de galerie que ce morceau ne pût embellir. On y
» remarque un dessin plein de finesse, des têtes
» pleines de grâce et de vérité, une couleur franche
» et transparente. » Lebrun, assurément, n'a rien
dit de trop.

127. PORTRAIT DU GRAVEUR BOLSWERT.—*Bois; hauteur vingt-deux pouces six lignes, largeur dix-sept
pouces neuf lignes.*

Cet artiste célèbre aux talens duquel on doit un
grand nombre de belles estampes, la plupart gravées
d'après Rubens, est représenté en buste, nu-tête,
presque de face et portant un collet rabattu sur un
vêtement noir. De la main droite, il attire sur sa poitrine un des côtés de son manteau.

128. L'ADORATION DES MAGES. — *Bois; hauteur dix-
neuf pouces, largeur quatorze.*

Ce n'est qu'une esquisse, mais elle est empreinte
de tout ce qu'il y avait d'enthousiasme dans l'âme du
grand Rubens, quand il la traçait sur le panneau;
de tout ce que sa main avait de facilité, de légéreté
et d'esprit. La scène est admirablement exposée,
pleine d'ordre et de mouvement; en un mot, cette
belle esquisse est comme le prélude soudain d'un
homme de génie, dans la tête duquel se pressent,
s'arrangent toutes les combinaisons d'un chef-d'œuvre.

Le Sauveur sur les genoux de la timide et modeste Marie, met la main dans un vase précieux et rempli de pièces d'or, que lui présente un des mages, à genoux à ses pieds. Né avec les faiblesses de l'humanité, le fils de Dieu semble déjà connaître le prix d'une chose dont plus tard sa sagesse lui fit enseigner le mépris. Les deux autres mages, en arrière desquels se voit un nombreux cortége, se disposent à honorer à leur tour l'enfant dont une étoile leur a annoncé la naissance.

129. L'ADORATION DES MAGES. — *Bois; hauteur vingt-deux pouces, largeur vingt-huit.*

C'est encore une esquisse et une adoration des mages; mais il n'y a aucune ressemblance entre cette composition-ci et la précédente. Seulement, c'est encore une preuve de ce que peut faire une main habile, guidée par les inspirations du génie.

Le Messie, sur les genoux de sa mère, porte la main sur un vase d'or que lui offre un des mages humblement prosterné devant lui; pendant ce temps les deux autres se disposent à lui présenter de la myrrhe et de l'encens. Une suite nombreuse accompagne les mages, et se presse derrière eux pour voir l'enfant qu'ils sont venus adorer.

130. PAYSAGE. — *Bois; hauteur dix-huit pouces, largeur vingt-trois pouces six lignes.*

Le ciel se couvre de nuages, et la pluie qui tombe déjà en abondance, oblige deux femmes chargées de

paquets d'herbes à gagner au plus vite leurs demeures, ou à se réfugier vers une forêt qui leur
offre son abri sur la gauche du point de vue. Cependant, le soleil darde encore ses rayons sur les campagnes lointaines.

Cette peinture nous offre la triste image des
champs, vers la fin de l'automne. Gazons, plantes,
feuillages, tout est jauni ou desséché; à peine y
aperçoit on quelque reste de verdure. Quant à l'exécution, n'y cherchez point de détails bien finis : ce
n'était point à cela que s'attachait Rubens. Il a peint
des masses où l'imagination place tout ce qu'elle
veut.

RUYSDAEL (Jacques.)

131. Paysage. — *Toile; hauteur trente-neuf pouces,
largeur quarante-sept.*

Deux chênes touffus, groupés avec un hêtre en
partie dépouillé de ses branches, et plantés sur le
bord d'une rivière, ombragent le premier plan, tout-
à-fait à la droite du tableau, et se dessinent en demi-
teinte sur un ciel nuageux avec lequel ils forment
une forte opposition. A la gauche, vers le second
plan, se présente la lisière d'une épaisse forêt, percée d'un chemin où l'on voit venir un villageois avec
une petite fille, et plus loin un autre homme se diri-
geant du côté opposé. Une large échappée donne du
jour au milieu du point de vue, en y mettant à découvert plusieurs plans lointains. De gros nuages,
indice d'un temps pluvieux, roulent amoncelés dans

l'atmosphère, et dérobent à la terre une partie des cieux. L'auteur, dès son début, montra un penchant très-marqué pour ce genre d'effet, ce qui l'accoutuma à monter ses teintes au plus haut degré de vigueur possible.

Il n'y a jamais que peu de chose à décrire dans les ouvrages de Jaques Ruysdael; ce sont pour l'ordinaire des sites agrestes d'une grande simplicité, de sombres forêts, de vastes plaines, des canaux, des écluses, des rivages, des marines et quelquefois des ports de mer. Mais on aurait peine à tarir, si l'on entreprenait de passer en revue toutes les qualités distinctives d'un talent qui imprima une direction nouvelle au genre du paysage, lui fit éprouver un grand mouvement de progression, et plaça Ruysdael à la tête d'une école nouvelle.

Comme une pareille digression serait au moins inutile si elle n'était pas fastidieuse, nous nous en tiendrons à cette seule remarque, que dans aucune de ses productions l'auteur n'a mieux montré que dans celle-ci, combien il l'emportait sur les autres peintres pour le dessin des arbres, pour l'esprit avec lequel il les a touchés et caractérisés, pour l'énergie de son coloris.

152. Vue de Schiesdam. — *Toile ; hauteur vingt pouces, largeur seize.*

A gauche, un chemin montant, pratiqué sur une digue et bordé de quelques arbres, conduit à un pont de bois qu'avoisinent plusieurs barraques et maisons. Plus loin est Schiendam, environnée d'arbres et dominée par un haut clocher. Ses murs sont baignés par la Schie, dont les eaux, couvertes de barques, s'avancent, à droite, jusque sur le premier plan.

Les paysages du célèbre Jacques Ruysdael, sont rarement aussi frais et aussi piquans que celui-ci. Cette qualité lui méritera une attention toute particulière. Il provient du cabinet du général Verdier.

RUYSDAEL (Salomon).

133. Paysage. — *Toile; vingt-neuf pouces, largeur trente-six.*

Un sol sablonneux et baigné par un large ruisseau, forme l'avant-scène de ce paysage. Pour l'animer, Salomon y a introduit un villageois conduisant cinq vaches ; un charriot couvert, traîné par deux chevaux dépareillés, et rempli de voyageurs ; plus, un carrosse attelé de quatre chevaux gris et précédé par un cavalier.

Ce tableau est un des meilleurs et des plus agréables de l'auteur.

RYCKAERT (David).

134. L'auteur dans son atelier. — *Bois; hauteur vingt-un pouces six lignes, largeur trente-quatre pouces cinq lignes.*

Ryckaert est assis la palette à la main devant son chevalet, et travaille à un tableau représentant trois buveurs attablés à la porte d'un cabaret. Vis-à-vis de lui est un artisan de bonne mine, tenant d'une main sa pipe et de l'autre un énorme pot d'étain : c'est un modèle posé, d'après lequel notre peintre exécute une des figures de sa composition. Avec quelle attention Ryckaert examine cet homme, et que son sourcil légèrement froncé donne d'expression à son regard ! Un autre peintre est à son chevalet dans le fond de l'atelier. Derrière Ryckaert est son broyeur de couleur.

Peu de tableaux de l'auteur sont comparables à celui-ci pour la légèreté du pinceau, la fraîcheur et la transparence du coloris. Il nous apprend aussi que les peintres flamands et hollandais doivent la vérité qu'on admire dans leurs ouvrages, à la coutume qu'ils avaient de consulter assidument la nature.

SCHALKEN (Godefroy).

135. Le papillon en danger. — *Bois ; hauteur onze pouces trois lignes, largeur huit pouces six lignes.*

Une jeune et jolie hollandaise s'accoude du bras gauche sur l'appui d'une petite fenêtre cintrée, et avance doucement la main droite pour saisir un papillon qui est venu se poser sur une tige d'œillets d'Inde. Une vigne orne de ses pampres chargées de feuilles un des côtés de la fenêtre ; au-dessous, sur une tablette de bois de sapin, est placé un vase de terre contenant la plante dont les fleurs ont attiré l'insecte imprudent.

Rien de plus séduisant ni de plus parfait que ce joli tableau, qui provient du cabinet de feu M. le président Robert de St.-Victor ; la description s'en trouve au n° 172 du catalogue de ce cabinet.

136. ERMITE EN MÉDITATION. — *Bois ; hauteur quatorze pouces, largeur dix.*

Ce tableau a encore fait partie du riche cabinet qui est cité dans l'article précédent. Voir le numéro 171 du catalogue.

Assis dans une grotte, la main gauche posée sur une tête de mort, un solitaire à barbe et à cheveux blancs, Saint Jérôme peut-être, suspend la lecture d'un livre saint qu'il tient ouvert sur ses genoux, pour considérer ces lugubres ossemens devenus l'objet de ses plus fréquentes méditations. Sur un rocher, à côté de ce pieux ermite dont les traits nobles s'accordent parfaitement avec la gravité de ses pensées, sont placés un livre fermé, un coffre, une tasse, un sablier et une couverture de laine. Au-dessus de sa tête une lanterne est suspendue à une branche d'arbre.

« Ce tableau, est-il dit, dans le Catalogue du cabi-
» net de M. de St.-Victor, est du pinceau le plus fin,
» le plus léger ; la touche en est d'une pureté admi-
» rable. La beauté de la tête et des mains, rappelle
» les beaux ouvrages de Gerard Dou. »

SCHELLINX (Willem).

137. Paysage. — *Toile ; hauteur vingt-un pouces,*
largeur trente-un.

Au milieu, vers le second plan, est un bouquet
d'arbres touffus à l'ombre desquels est assis un berger
jouant d'une espèce de haut-bois. Deux jeunes filles
se reposent à côté de lui, tandis qu'une troisième
plus vive danse d'un pied léger sur le gazon. Au
premier plan, dans un chemin tracé sur le bord
d'une rivière, s'avance une femme à cheval accompagnée de trois piétons.

Quelques ouvrages de Guillaume Schellinx sont
attribués à Karel Du Jardin, et ne sont pas indignes
de ce grand maître.

SOLEMAKER.

138. Paysage avec animaux. — *Bois ; hauteur vingt-*
huit pouces, largeur trente-six.

Une femme montée sur son âne, un vieillard marchant à pied derrière le sien, un pâtre assis à terre
au milieu d'un troupeau de vaches, de chèvres et
de brebis, forment un seul et nombreux groupe sur
les devants de ce paysage. A quelque distance, dans
un large chemin, se voient encore d'autres villageois
conduisant des bestiaux.

Ce tableau est, selon nous, même parmi les meilleurs de Solemaker, une exception qui fait beaucoup

d'honneur à ce peintre. Non-seulement il s'y est distingué dans l'exécution , mais on pourrait dire encore qu'il y a profusion dans les richesses dont il a pris plaisir à l'orner. Les fonds offrent un site montueux et boisé , au milieu duquel est une étroite gorge par où l'on découvre les derniers plans d'un lointain qui se confond avec l'horizon.

STEEN (Jean).

13g. La noce de village. — *Bois ; hauteur vingt-deux pouces trois lignes , largeur trente pouces six lignes.*

Jean Steen a fait entrer dans cette composition plus de cinquante figures non moins animées les unes que les autres, variées à l'infini, et parmi lesquelles on ne peut voir sans rire, quelques physionomies de la plus piquante originalité. La mariée, une couronne de fleurs sur la tête, arrive devant la maison de son époux, et s'y trouve arrêtée par les complimens et les accolades de deux amis chargés sans doute du cérémonial de la réception. Une femme répand des fleurs sur les degrés du perron, tandis qu'un musicien, dans le beau milieu de la porte, exprime de son mieux l'alégresse commune en s'escrimant du violon. De nombreux convives sont aux fenêtres de la maison ; en dehors sont rassemblés des curieux de toute espèce, hommes, femmes, enfans, vieillards, malicieux ou stupides, efflanqués ou d'une bonne rondeur. Derrière la mariée se pressent les parens et les amis qui ont assisté à la bénédiction nuptiale. En tête du cortège, se voient deux femmes d'honneur à l'une desquelles un galant à tête chauve paraît adresser un compliment.

Doué du caractère le plus plaisant, Steen ne pouvait manquer de répandre dans cette composition, la variété de têtes et de caractères, les saillies de gaîté, l'air d'agitation et tout l'amusant désordre dont elle était susceptible.

140. LES PLAISIRS DE LA KERMESSE. — *Bois; hauteur seize pouces, largeur vingt-cinq.*

Ce tableau, désigné dans plusieurs catalogues sous le titre de la Barque de Jean Steen, est un monument tout-à-fait curieux, si l'on en juge par ce qu'en dit la tradition.

Dans une barque que nous y voyons à main droite, sur un petit canal, sont réunis plusieurs artistes célèbres, contemporains et amis de l'auteur. Ils quittent la fête où ils étaient venus se récréer; et cet homme qui prend congé d'eux, le chapeau à la main, c'est Jean Steen lui-même, qui, sans doute, se propose d'y boire encore quelques verres à leur santé. Le reste de la composition offre, de tous côtés, une quantité de personnages se livrant aux plaisirs de la danse, de la bonne chère et du vin.

La scène a lieu près d'une église au milieu d'un hameau.

Cet agréable tableau est digne de l'attention des Amateurs; et nous ne nous abstenons de le vanter que pour ne pas nous rendre fastidieux à nos lecteurs.

SWANEVELT (HERMAN), DIT HERMAN D'ITALIE.

141. PAYSAGE. — *Toile; hauteur vingt-huit pouces, largeur trente-neuf.*

Sur le premier plan d'un vaste et riant point de vue, enrichi de quelques fabriques qu'on aperçoit dans l'éloignement, à mi-côte d'une montagne, Swanevelt a représenté le sujet de la fuite en Égypte. Les saints personnages sortent d'un chemin tracé au pied d'une colline qui le met à l'abri des rayons du soleil. La mère de Jésus, portant dans ses bras cet enfant divin qui lui cause une si tendre sollicitude, est montée sur un âne qu'un ange mène pas à pas par le licou. Saint Joseph marche à côté de son épouse; après eux vient un second ange qui porte sous son bras leur modeste bagage. D'autres figures et des animaux animent encore ce charmant paysage, qui ne le cède en mérite à aucun de ceux de l'auteur.

Élève de Claude Gelée, Swanevelt se fit admirer à Rome du temps même de son maître, ce qui fait grandement son éloge. Il n'en eût pas été ainsi, s'il était vrai que *sa manière fût une imitation de celle de Claude*, comme l'a écrit Descamps, qui a très-souvent jugé sans s'être donné la peine d'examiner. Sa manière, ou pour mieux dire son style, est original, aussi bien sous le rapport du coloris que sous le rapport de la composition. Ses sites sont très-variés et toujours agréables, ses figures de bon goût. C'est un des peintres qui ont le mieux rendu les effets du soleil.

TENIERS (DAVID).

142. L'ENFANT PRODIGUE. — *Bois : hauteur dix-neuf pouces trois lignes, largeur vingt-huit pouces.*

L'enfant prodigue, tombé dans les égaremens de la débauche, est à table avec deux courtisanes dans une chambre à coucher. C'est de tous les épisodes de l'apologue sacré où Teniers a puisé son sujet, celui qui était le plus en rapport avec la plupart des scènes auxquelles son pinceau bachique s'était particulièrement consacré.

On voit sur la table un pâté et une volaille rôtie. Le dissipateur en veste de velours cramoisi, avec des nœuds de rubans aux jarretières, se fait servir du vin par un jeune valet. A sa gauche est assise l'une des courtisanes, elle a sur les épaules un manteau de toile fine ; l'autre, qui est vêtue d'une robe de soie noire, est vis-à-vis de lui et tourne le dos au spectateur. Il semblerait que le costume de ces personnages n'offrant rien que de moderne, on ne devrait voir ici que la simple représentation d'un petit festin. Sous ce point de vue, la nature est admirablement saisie. Les deux musiciens, l'un jouant de la flûte, l'autre du violon, sont d'une extrême vérité ; il en est de même de cette servante qui sort de la chambre avec un plat à la main. Sur le devant du tableau, près d'un seau à rafraîchir, est un singe mangeant un fruit. Du pain, des verres, une cruche, sont posés sur une table de dégagement; on remarque sur un fauteuil le chapeau, le manteau et l'épée du prodigue.

La couleur de ce magnifique tableau est assortie au sujet : elle est fraîche et riante; la touche s'y montre plus vive encore et plus pétillante d'esprit que de coutume. Tous les personnages sont dans des attitudes naturelles et parfaitement correspondantes à leurs actions; tout, en un mot, dans cette brillante production concourt à lui mériter une place distinguée parmi les meilleurs ouvrages de Teniers.

143. Les quatre saisons, figurées dans quatre tableaux, par les travaux agricoles, ou les plaisirs champêtres de chaque mois. — *Cuivre; hauteur vingt-deux pouces six lignes, largeur trente-trois pouces.*

Il faudrait à la plume la plus éloquente des pages pour décrire l'étonnante richesse de ces quatre compositions, la variété infinie de leurs détails, les intentions fines et spirituelles de l'artiste, et encore ne traduirait-elle qu'imparfaitement l'ouvrage du pinceau. Nous nous bornerons donc à ne donner qu'une esquisse rapide de chaque sujet.

Le printemps, ou les mois de mars, avril et mai.

Le spectateur, placé dans un lieu élevé, où Teniers s'est représenté lui-même environné de sa famille, découvre, sous un même coup-d'œil, un point

de vue très-pittoresque : ici, c'est un château (1) entouré de hautes-futaies, de métairies, de jardins, de
canaux ; au-delà, ce sont des moulins et des chaumières disposés sur la pente d'un côteau ; dans le
fond, c'est un village sur le bord de la mer ; à l'horizon, vers la gauche, une aurore, symbole du réveil de la nature, dissipe avec peine des nuages
épais qui recèlent encore la pluie, les neiges et les
tempêtes de l'équinoxe, tandis que vers la droite,
l'azur des cieux, des nuages plus rares, une atmosphère plus claire, annoncent le retour du printemps.
Déjà les frimats se fondent, les arbres et les prés se
parent de verdure ; déjà des fleurs nouvelles émail-
lent les parterres ; le cultivateur a repris ses travaux,
et l'homme riche, ennuyé de ses salons dorés, les a
quittés pour jouir des agrémens de la campagne.
C'est alors que le paysage s'anime ; de nombreux
groupes de figures forment des scènes aussi variées
qu'intéressantes ; là, le jardinier offre à sa jeune
maîtresse l'hommage d'une fleur fraîchement éclose ;
ici, l'amant près de celle qu'il aime, reprend timide-
ment le chemin du bosquet qui vit naître leurs
amours ; plus loin, une société brillante, réunie sur
la pelouse autour d'un mai, se livre gaîment au plaisir de la danse et de la musique.

L'été, ou les mois de juin, juillet et août.

L'été paraît, le soleil au zénith lance des feux ar-

____

(1) Le château même qu'habitait Teniers, et qu'il a reproduit dans une grande partie de ses tableaux.

dens ; la terre, couverte de moissons dorées, offre au laboureur l'espoir consolant d'une bonne récolte ; c'est la saison des travaux et des fatigues. Les jeunes gens et les vieillards fournissent également leur tâche ; les uns tiennent dans leurs bras vigoureux le mouton indocile dont ils blanchissent la laine, tandis que les autres, armés de longs ciseaux, le dépouillent de son utile toison. Plus loin, un champ de blé tombe sous la faucille du moissonneur, et l'herbe desséchée des prairies s'élève en meules sous la fourche des faneurs. L'écho des vallées retentit des chants rustiques ; les chariots pesamment chargés et lentement conduits vers la grange, portent en triomphe les fruits du labeur et de l'industrie.

L'automne, ou les mois de septembre, octobre et novembre.

A la récolte des grains succède celle des fruits et la préparation des boissons. Ici, le peintre a rendu avec un charme inexprimable, une scène extrêmement intéressante. Le fermier, au milieu de sa famille et de nombreux serviteurs, tous occupés à recueillir les trésors que leur a prodigués Pomone, conclut avec un marchand une vente de pommes que déjà l'on charge sur sa voiture. Une poignée de main assure réciproquement la bonne foi du marché ; mais la femme, toujours inquiète, et jalouse de donner quelque marque de son autorité, a voulu être témoin de l'affaire ; elle est près du maître, et sa physionomie indique qu'elle lui suggère quelqu'observation tardive. Une jeune fille, au regard malin, observe en silence et paraît se réjouir en pensant que les bénéfices de l'année pourront arrondir sa dot, et hâter une union désirée. D'autres tableaux se développent sur la droite; de laborieux vendangeurs recueillent le raisin et le houblon, raccommodent les tonneaux, et préparent, dans une brasserie, la liqueur qui doit présider aux festins. Cependant l'air s'est refroidi, le soleil incliné ne darde plus que des rayons obliques; les arbres perdent leur feuillage, le givre commence à blanchir les coteaux, et le bois se fend en gémissant sous la hache des bûcherons.

L'hiver, ou les mois de décembre, janvier et février.

Enfin le sombre hiver vient terminer le cercle des saisons; le souffle du Nord a glacé la nature, le ciel est obscurci, et des nuages amoncelés versent la neige et la pluie; mais l'homme n'a point perdu sa gaieté, chaque saison lui fournit de nouveaux travaux et de nouveaux plaisirs. Des scènes non moins variées se multiplient à l'œil de l'observateur, et naissent sous le pinceau de l'artiste. Ici, une bonne mère s'avance entourée de ses enfans; ils sont chargés de livres, de gâteaux, de joujoux; c'est l'époque des étrennes; elle jouit de leur bonheur, et leurs vœux réciproques, toujours purs et sincères au village, ont sanctionné de nouveau leur tendresse mutuelle. Là, d'agiles patineurs luttent d'adresse sur la glace des étangs. Enfin cette foule toujours active et prévoyante, ces amis, ces familles réunies

devant le toit paternel, s'occupent de la salaison des
viandes et des provisions qui doivent alimenter la
table. Le porc succombe sous le couteau meurtrier ;
on recueille son sang, la flamme pétillante enlève le
poil grossier qui couvre sa peau, on dépèce sa chair.
La joie, le bonheur, animent toutes les physionomies, et donnent de l'expression à chaque figure.

C'est ainsi que savant imitateur de la nature,
poëte aimable, observateur profond, Teniers nous
offre dans ces quatre compositions admirables une
image fidèle de la vie champêtre, des mœurs douces
et de l'industrie des villageois vertueux ; et ces tableaux, embellis par un coloris frais et brillant, par
tout le prestige de l'art, charment à la fois l'œil et
l'esprit, et font naître les plus douces illusions.

Ces quatre tableaux ont fait partie de la magnifique
galerie de Hesse-Cassel.

144. LES JOUEURS DE BOULE. — *Toile ; hauteur quarante-quatre pouces, largeur soixante-huit.*

Devant la porte d'un estaminet, plusieurs villageois s'amusent à jouer à la boule. Deux d'entre eux,
ayant déjà lancé les leurs, attendent au but celles de
leurs camarades de partie. Tout près de ceux-ci est
un de ces insatiables amateurs de tabac et de bière,
qui ont toujours la pipe et la cruche à la main.
D'autres personnages regardent les joueurs. Une servante apporte à l'un deux une *tartine* et un pot ; le
cabaretier marque sur le mur le nombre de ceux
qu'on a déjà vidés. Au pied d'un côteau, sur un plan

éloigné, on aperçoit un pâtre gardant un troupeau de brebis. Le ciel indique un jour de pluie.

Ce tableau capital ornait autrefois la galerie du gouverneur des Pays-bas. On y admire cette rapidité de pinceau, cette touche ferme et brillante, cette couleur argentine, qui ont fait la réputation de Teniers, et lui ont mérité une des premières places parmi les peintres de ce genre.

145. Le Chimiste. — *Bois ; hauteur vingt-un pouces, largeur trente pouces six lignes.*

Un chimiste, dans son laboratoire, est debout devant un fourneau et souffle sous un creuset. À côté de lui est un jeune garçon tenant une fiole à la main. Trois laborateurs sont autour d'un billot, l'un pilant quelque chose dans un mortier, tandis qu'un de ses camarades pose un petit vase sur un fourneau allumé. Un chat, des livres, des poteries et autres ustensiles à l'usage des chimistes, sont épars çà et là dans le laboratoire. On y remarque aussi un autre fourneau.

Ici encore se montre d'une manière bien évidente, tout ce qui constitue le talent facile, le pinceau enchanteur d'un homme à qui son art n'a jamais opposé de difficultés ; et pour lequel peindre ou s'amuser durent être à peu près la même chose. Il y a des pensées dans la tête de ce chimiste ; il semble qu'il parlerait s'il était moins occupé de son creuset. Ces livres, ces pots, ce chat sont imités à s'y méprendre ; ce désordre est bien celui d'un laboratoire.

146. La Diseuse de bonne-aventure. — *Toile ; hauteur trente-un pouces , largeur quarante-cinq.*

Un paysan vient de rencontrer sur sa route, quatre de ces bohémiennes qui naguère colportaient par le par le monde les oracles de la chiromancie. Envieux de savoir les principaux événemens de sa destinée à venir , il présente l'intérieur de sa main à l'une d'elle qui en examine les divers linéamens , et qui lui promet sans doute pour quelques pièces de monnaie une grande somme de bonheur. Deux de ces femmes , dont l'une tient un enfant dans ses bras , attendent que leur camarade ait achevé sa prédiction pour se remettre en route ; la quatrième les devance de quelques pas. La mine sinistre et patibulaire de ces devins femelles , leurs accoutremens bizarres répondent à merveille à leur profession.

Cette petite scène , souvent répétée par Teniers , anime ici la gauche d'un paysage où la lumière répand un grand éclat. La droite est baignée par une rivière dont le cours passe , un peu plus loin , sous un pont servant d'accès à un grand château.

147. Paysage. — *Toile ; hauteur quarante-trois pouces , largeur soixante-huit.*

Maître de sa touche, coloriste profond , habile dans tous les genres de peinture , Teniers savait monter sa palette sur tous les tons , et remplir avec la même aisance , avec le même esprit , ou une petite toile , ou une toile de grande dimension. Aussi pour voir Teniers dans toutes les nuances de son talent faut-il le voir dans un grand nombre de ses ouvrages. Celui-ci diffère de tous ceux qu'on vient de décrire. Il y a du Lorrain dans la dégradation des plans, du Salvator dans l'exécution, et cependant c'est un Teniers, un grand et beau paysage de Teniers.

Assis au bord d'une rivière, sur le devant d'un paysage montagneux, un berger s'amuse à jouer du haut-bois en gardant ses brebis, et captive l'attention d'un paysan qui s'est arrêté pour l'entendre. Une échappée de vue entre une haute colline et des bouquets d'arbres, compose le fond de ce tableau.

148. Les œuvres de miséricorde. — *Toile; hauteur vingt-huit pouces, largeur trente-huit.*

Teniers a plusieurs fois exercé son esprit sur cette moralité sublime, qui lui fournissait l'occasion de mettre en scène une multitude de personnages des deux sexes et de conditions différentes. Mais, il faut le dire, au moyen des variantes qui distinguent chacune de ses compositions, elles ont toutes le double avantage d'intéresser le cœur, et de plaire aux yeux par une sorte de nouveauté.

Plus de trente figures enrichissent le premier plan de ce tableau. L'action principale représente un homme riche accompagné de sa femme, aidé de ses serviteurs, et distribuant aux pauvres de la nourriture, des vêtemens et de l'argent. D'autres sujets également ment tirés des Œuvres de miséricorde, appellent

successivement les yeux sur toutes les parties de cet
ouvrage, et sont autant de leçons qu'on devrait
avoir sans cesse présentes à l'esprit.

149. LA PARTIE DE DÉS. — *Toile, hauteur quinze
pouces, largeur vingt.*

Il faut bien se garder de croire que l'ordre suivi
pour l'inscription des ouvrages de Teniers, dans ce
catalogue, ait été réglé d'après leurs différens degrés
de mérite ; c'est à quoi l'on n'a aucunement songé :
le hasard seul a donné cet arrangement. Le tableau
des joueurs de dés, on le verra bien, est, certes,
l'un des plus parfaits, l'un des plus notables de la
collection ; l'un de ceux qui ont mérité à leur fécond
et spirituel auteur un rang si élevé parmi les peintres
de scènes familières. On voit dans ces joueurs et dans
ceux qui les regardent autre chose que des formes
humaines bien dessinées, que des figures bien colo-
riées ; il y a encore en eux attention, réflexion, oc-
cupation d'esprit ; en un mot, tout le langage des
traits du visage.

Deux hommes sont assis, face à face, à une table
ronde, au milieu d'une salle d'estaminet ; l'un tenant
sa pipe, l'autre un coude sur la table et la tête appuyée sur sa main. Un troisième, un quatrième,
sont debout derrière eux. Ceux-ci et celui qui tient
sa pipe ne montrent qu'une simple attention causée
par la curiosité ; mais on lit dans les traits de l'homme
accoudé, attention prononcée, intérêt, inquiétude.
Il attend le point que va amener son adversaire,

placé debout près de la table, et prêt à y lancer les dés. Non, on ne peut donner plus d'expression, plus de vie à une peinture. Dans le fond de la salle est un homme vu par le dos. Ailleurs est le maître de la maison, qui sort avec un pot qu'il va remplir.

Un pareil tableau ne se décrit point ; il faut le voir pour l'apprécier.

150. KERMESSE, OU FÊTE DE VILLAGE. — *Toile ; hauteur dix-sept pouces, largeur vingt-six.*

On a déjà décrit dix compositions de Teniers, toutes différentes les unes des autres, et, toutefois, on est loin d'avoir passé en revue les divers genres de sujets que l'abondant et délicieux pinceau de cet artiste a été capable de traiter.

Le titre de Kermesse fait connaître d'avance qu'il s'agit ici de joie naïve, de gaieté bruyante, de danse, de bonne chère et de vin. Comment cet image du bonheur de la plus laborieuse classe du peuple ne plairait-elle pas à tous les yeux ? Ce joueur de musette monté sur un tonneau, ces six danseurs formant une chaîne, ces quatre hommes qui les regardent, et parmi lesquels est un vieillard courbé et faisant supporter à son bâton une partie du poids de son corps ; ces autres paysans assis autour d'une table, et dont l'un va boire aux appas de sa grosse voisine ; ce groupe silencieux placé du côté opposé, formé de deux époux, l'homme ayant aux mains une cruche et un verre, la femme donnant le sein à son enfant ; cette servante qui va d'un écot à un autre ,

cet ivrogne qu'on entraîne malgré lui ; ce sont là autant de scènes où la variété se joint au naturel le
plus parfait, et qui captivent long-temps et agréablement les regards. Combien d'autres figures encore,
que d'accessoires qu'il serait superflu d'énumérer !

La couleur, la touche ne laissent rien à souhaiter,
la première est savamment ménagée ; la touche est
tout esprit.

151. Kermesse. — *Cuivre ; hauteur cinq pouces, largeur huit.*

La scène se passe devant un cabaret ; et c'est encore, comme dans le précédent tableau, une joyeuse
réunion de paysans belges, buvant, fumant, sau-
tant, oubliant dans le plaisir les travaux et les soucis
de la semaine. Deux d'entre eux, homme et femme,
exécutant une danse au son d'une musette, sont entourés de plusieurs curieux. Quelques-uns de ceux-ci
ont le verre ou la pipe à la main ; on en voit d'autres
qui paraissent faire entendre à leurs voisines qu'ils
ne recevraient pas d'elles sans plaisir, une faveur
qu'elles se font un jeu de faire désirer. La droite de
la composition est occupée par le cabaret ; à la gauche, dans le lointain, on remarque la flèche d'un
clocher.

Ce joli tableau provient du cabinet Saint-Victor.
C'est encore une preuve de l'immense talent de l'auteur, une sorte de miniature qui montre, comme on
l'a dit, à quel point il était sûr de sa touche et maître
de son pinceau.

152. PAYSAGE. — *Bois ; hauteur huit pouces, largeur onze.*

Vers la fin d'une belle journée d'été, un pâtre assis sur un quartier de rocher, sa houlette à côté de lui, charme par les airs qu'il joue sur un hautbois un paysan qui s'est arrêté pour l'écouter. Trois brebis et quatre chèvres forment son petit troupeau. A quelque distance, on aperçoit un château dont l'entrée est défendue par deux tours, et au milieu duquel s'élève un très-haut donjon.

Ce petit tableau est d'une couleur blonde, et du faire le plus soigné de l'auteur.

153. PAYSAGE AVEC EFFET DE LUNE. — *Bois ; hauteur cinq pouces deux lignes, largeur sept pouces huit lignes.*

Il est composé d'une rivière, d'un chemin et d'une petite maison couverte de chaume. Un villageois vu par le dos à la porte de sa demeure, est censé y rentrer ; deux autres sont représentés dans l'attitude de gens qui se sont arrêtés pour causer. La lune qui commence à paraître est à moitié cachée par l'horizon.

On dirait que Teniers à soufflé la couleur sur ce petit tableau, tant elle a de transparence et de légèreté.

TERBURG (Gérard Ter-Borch, ordinairement appelé).

154. La toilette d'une jeune femme. — *Bois; hauteur dix-sept pouces, largeur treize.*

Une jeune dame hollandaise, assise devant sa table de toilette, les yeux fixés sur son miroir, roule dans ses doigts une mèche de ses cheveux, tandis que sa servante, placée derrière elle, y passe le peigne pour les démêler. Ces deux figures sont représentées à mi-corps, dans une chambre à coucher.

Le corps de la dame est couvert d'une camisole de velours rouge, bordée d'hermine. Une boîte et un chandelier sont posés sur le tapis qui couvre la table. Celle-ci est placée en avant et tout près d'une cheminée à colonnes.

Couleur, effet, exécution, tout est d'une égale douceur dans ce charmant et précieux tableau; les nus y sont correctement dessinés, les draperies d'une rare vérité et du plus grand fini; en un mot, c'est une de ces productions où Terburg s'est élevé au faîte de son beau talent.

TOL (Dominique Van).

155. La dentellière. — *Bois; hauteur treize pouces, largeur dix.*

C'est une jeune fille. Le peintre l'a représentée assise sur une chaise, le corps de profil, la tête pres-

que de face, et les deux mains posées sur son métier
à dentelle. Elle a suspendu son travail, et son regard
distrait se porte sur le spectateur; mais ce regard
n'exprime rien autre chose que le calme insouciant
de l'innocence. Devant elle est une table couverte
d'un tapis, sur lequel sont posés des carottes, un petit baquet renversé, une écuelle, une aiguière et un
gobelet d'étain. Un petit garçon dont le corps est
presqu'entièrement caché par la table, est à la droite
de la gentille ouvrière, et paraît tout émerveillé de
l'ouvrage dont elle est occupée. Ces deux enfans sont
dans une chambre planchéiée, éclairée par une fenêtre garnie de rideaux, et communiquant par une
porte cintrée avec une salle à manger, où l'on aperçoit quatre autres personnages à table et servis par
un valet. Un tableau attaché à la muraille, et divers
ustensiles de ménage, enrichissent encore le fond
de ce joli tableau.

VAN OS (J.)

156. FRUITS ET FLEURS. — *Bois; hauteur vingt-neuf
pouces, largeur vingt-un pouces six lignes.*

Sur une table de marbre, à côté d'un melon et de
plusieurs grenades, sont posées une grande coupe
et une corbeille, toutes deux remplies de prunes,
d'abricots, de groseilles, de pêches et de raisins,
autour desquels voltigent une demoiselle-mouche et
et un pan de nuit. A ces fruits, qui sont rendus avec
beaucoup d'art et de vérité, se mêlent les fleurs

d'une tige de rose-trémière, sur laquelle se repose une mésange.

J. Van Os est du petit nombre des peintres hollandais de la dernière école, qui ont excellé dans la représentation des fruits et des fleurs.

VELDE (Adrien-Vanden).

157. Paysage pastoral. — *Toile ; hauteur quatorze pouces six lignes, largeur seize pouces neuf lignes.*

Dans ce charmant tableau tout est simple et vrai comme la nature dont il nous retrace l'image. En le considérant les yeux cèdent à l'illusion, et les jouissances qu'il procure à l'esprit font oublier l'art dont le peintre a usé pour nous séduire. Aussi cet ouvrage admirable réunit-il à l'exécution la plus précieuse, toutes les perfections qui distinguent si éminemment les autres ouvrages de Vanden Velde.

Une bonne villageoise, assise au milieu d'un paysage, près d'un ruisseau, presse tendrement un enfant contre son sein et lui donne à téter ; à ses pieds est un petit garçon qui caresse un chien. Ce fidèle animal garde avec sa maîtresse un troupeau de vaches, de chèvres et de brebis, qui paissent, ruminent ou se reposent autour d'eux.

Que d'intérêt dans cette peinture naïve de la vie pastorale ! que l'âme trouve de douceur à s'abandonner aux sentimens qu'elle lui inspire : on jouit du bonheur de cette mère, on croit entendre bêler ses brebis.

158. Paysage. — *Bois ; hauteur onze pouces, largeur treize.*

A l'avant-scène, espèce d'enceinte environnée d'arbres qui ne laissent apercevoir qu'un peu de lointain, un homme, vu par le dos et monté sur un cheval gris, vient de s'arrêter pour causer avec une villageoise qu'accompagne un enfant. Cette femme, qui est assise sur un tronc d'arbre, près d'une fontaine, est la gardienne d'un riche troupeau, composé de vaches et de brebis, les unes errant ou paissant autour d'elle, les autres couchées et en repos.

Ce précieux et joli tableau a fait partie de ceux qui composaient le magnifique cabinet de Claude Tolosan, et se trouve décrit au N° 134 du catalogue de ce cabinet, avec des éloges si mérités qu'ils auront toujours de l'écho dans la bouche des connaisseurs. Peu d'ouvrages de Vanden Velde sont d'un effet aussi brillant ; aucun n'est ni plus agréable, ni plus parfait.

159. La prairie. — *Bois ; hauteur treize pouces, largeur seize pouces neuf lignes.*

Un cheval, quatre vaches, une chèvre et deux brebis, sont rassemblés dans un coin de prairie que borde une large rivière, où plusieurs de ces animaux sont venus se désaltérer. Au-delà de cette rivière et aux deux côtés du point de vue, s'étendent en pointe des terres basses, bordées d'arbres verts entre lesquels on distingue une chaumière et les toits d'un château. Un grand nuage que percent les brillans rayons du soleil, couvre une partie du ciel et répand son ombre sur le devant du paysage.

Ce charmant tableau, où Vanden Velde semble avoir eu l'intention de se rapprocher de Paul Potter, par qui il avait été précédé de quelques années dans la belle carrière qu'ils ont l'un et l'autre si glorieusement parcourue; ce tableau, disons-nous, provient du riche cabinet Saint-Victor (*Voyez* le n° 161 du Catalogue de ce Cabinet). Il est assurément très-remarquable dans toutes les parties de l'art; mais il se distingue surtout entre les autres productions de l'auteur, par un coloris plein de fraîcheur et d'éclat.

160. PAYSAGE. — *Bois; hauteur treize pouces, largeur douze pouces trois lignes.*

Une chapelle tombée en ruine et abandonnée, à laquelle est attenante une grande porte cintrée sous laquelle passe un chemin rural, forme, à notre gauche, plus de la moitié du point de vue. A notre droite, il se compose d'une colline fortifiée, dont la base est masquée par des arbres qui se réfléchissent dans une rivière. Sur le devant, deux vaches, une chèvre et quatre brebis, marchent devant un villageois à cheval, qui paraît causer, chemin faisant, avec un piéton qui est à côté de lui. Derrière ces deux hommes vient un jeune garçon portant un bissac sur ses épaules.

Ce tableau ornait ci-devant la collection du président de Saint-Victor. (*Voyez le n° 162 du Catalogue.*)

161. PAYSAGE PASTORAL. — *Bois ; hauteur six pouces, largeur huit.*

Sur le premier plan est une mare, où deux brebis et un bœuf sont venus se désaltérer. Une vache et d'autres brebis se reposent un peu plus loin, sur le gazon. La paysanne qui garde ces animaux est assise à terre, le coude appuyé sur un tronc d'arbre ; son attitude est celle d'une personne qui s'abandonne à de tristes rêveries. De grands arbres forment une espèce de rideau devant l'horizon.

VELDE (GUILLAUME VANDEN).

162. VUE DU ZUYDERZÉE. *Toile ; hauteur vingt-cinq pouces, largeur trente-un.*

L'air ne donne que de légers signes de vent. La surface des eaux, à peine ridée çà et là par le mouvement de quelques barques, réfléchit de tous côtés la teinte grisâtre d'une atmosphère vaporeuse. Malgré ce calme, plusieurs gros navires de la Compagnie des Indes viennent d'entrer dans le golfe et d'y jeter l'ancre. Beaucoup plus près, c'est-à-dire vers le second plan, est un vaisseau à deux ponts qui vient aussi de mouiller, et dont tout l'équipage est dans un grand mouvement. Sur le tillac, sur les gaillards, dans les haubans, dans les hunes, le long des vergues, le matelot est partout à son poste, exécutant ou s'empressant d'exécuter la manœuvre qui lui est

assignée. Ce vaisseau est celui qui escortait les autres
navires. Son canot, promptement mis à la mer et
conduit par six rameurs, s'avance vers le rivage, où
sans doute il porte l'officier chargé d'annoncer la
nouvelle de l'heureuse arrivée du convoi.

Sur le premier plan, à main gauche, deux barques sont amarrées bord à bord, à l'extrémité d'une
jetée de bois dont elles paraissent être sur le point de
s'éloigner. La grande voile de l'une de ces barques
est déjà déployée ; mais, à défaut de vent, un matelot file un grelin pour la remorquer à deux de ses
camarades qui sont dans une chaloupe. Sur l'autre
barque touchant encore à la jetée, on remarque un
marin causant avec un passager.

L'extrême rareté des ouvrages de Guillaume Vanden Velde est de toutes les causes qui en relèvent le
prix, celle dont il importe le moins de vouloir tirer
avantage par rapport à la marine dont il s'agit. Une
considération beaucoup plus puissante, beaucoup
plus propre à faire valoir ce superbe tableau, c'est
la somme de mérite qui s'y montre, cette excellence
dans toutes les parties de l'art, à laquelle il est si difficile d'atteindre, même avec un immense talent. Il
est reconnu qu'aucun peintre n'a rendu comme
Guillaume Vanden Velde le calme des flots, leur
limpidité, leur étendue, leur union parfaite avec le
ciel qui les colore ; qu'aucun n'a été plus instruit que
lui dans tout ce qu'il convient de savoir pour rendre
fidèlement un sujet maritime ; qu'aucun, enfin,
parmi ceux qui se sont distingués dans le même

genre de peinture, ne peut lui être comparé pour la délicatesse, le moëlleux, la pureté du pinceau. Quelle vigueur de coloris dans le tableau qu'on vient de décrire ! Qu'il y a de profondeur, et que chaque figure, si petite qu'elle soit, est dessinée et touchée avec esprit !

Trois autres productions de ce maître vont être décrites ci-après. Si l'on s'abstient de les louer autant qu'elles le méritent, c'est pour ne pas fatiguer le lecteur.

163. MARINE. — *Toile ; hauteur seize pouces neuf lignes, largeur vingt-un pouces dix lignes.*

Une flotte hollandaise, composée de douze navires à trois mâts et armés d'un rang de canons, arrive sur une rade pour y mouiller. Une forte brise enfle les voiles et agite la surface des flots ; quelques nuages s'élèvent au-dessus de l'horizon.

Tous les tableaux de ce peintre réunissent au coloris le plus vrai une rare beauté de pinceau ; mais peu sont aussi riches de composition que celui-ci.

164. VUE D'UNE RADE DE HOLLANDE. — *Toile ; hauteur vingt-deux pouces six lignes, largeur vingt-huit pouces quatre lignes.*

Ce tableau capital représente une immense perspective de mer calme, et couverte d'une infinité de navires de constructions et de grandeurs différentes, groupés ou épars, et parmi lesquels on distinque des vaisseaux de guerre, de grands navires de commerce, d'élégans yachts, des barques, des chaloupes et de légers canots.

Dans ce bel et riche ouvrage, on a le spectacle aussi vrai qu'intéressant de cette diversité de manœuvres maritimes, de cette activité, de cette agitation qu'on remarque à certains jours, sur la rade d'un grand port.

165. VUE D'UN RIVAGE DE HOLLANDE. — *Toile ; hauteur seize pouces, largeur vingt.*

C'est l'heure du reflux ; la marée descendante vient de laisser engravée une barque que des pêcheurs sont occupés à remettre à flot. Pendant ce temps, deux autres pêcheurs, l'un debout, l'autre assis, causent sur la plage ; un chien aboie contre le dernier. A quelques pas de ces deux hommes, on en voit un troisième qui traîne un morceau de bois abandonné par la mer. Une seconde barque est échouée sur le rivage, et tout-à-fait hors de l'eau.

La couleur dominante de cet excellent tableau fait sentir de la manière la plus parfaite, et l'air humide, et le vent froid, et le ciel nébuleux de la Hollande, à l'approche de l'hiver. Vanden Velde n'a pas rendu avec moins de vérité le mouvement causé par le reflux. C'est un flot qui s'élève, se brise en écumant et se déroule sur la plage ; après ce flot c'en est un autre qui produira les mêmes effets, puis ce sont des vagues, une mer sans fin et l'horizon. Quelques barques voguent dans le lointain sur cette mer qu'agite un vent frais.

VER BOOM (A. H.) ET VELDE (Adrien Vanden.)

166. PAYSAGE. — *Toile ; hauteur vingt-neuf pouces neuf lignes, largeur trente-six pouces.*

A main gauche, tout-à-fait sur le devant du tableau, un pêcheur est arrêté sur le bord d'un courant d'eau, où sans doute il a tendu quelques filets. Sur la droite, dans un sentier tortueux, une villageoise marche à côté d'un homme qui conduit aux champs un troupeau de trois vaches et de huit brebis. Plus loin, dans le même sentier, cheminent encore un piéton et un cavalier ; celui-ci passe à côté d'un pauvre qui paraît invoquer sa charité.

Ces diverses figures que Vanden Velde a peintes avec tout le soin imaginable, formeraient à elles seules un ouvrage de prix. Quant au paysage, Ver Boom s'y est surpassé. C'est la vue d'une forêt répandant un ombrage frais sur le penchant d'une montagne. Les arbres sont dessinés et exécutés en maître. Le coloris est agréable : quelques accidens de lumière produisent un bon effet. On voudrait être à l'ombre de ces chênes touffus, et de là promener ses regards sur la vaste contrée que domine cette montagne.

Campo-Veyerman, Houbraken, Descamps, ont également ignoré l'existence de Ver Boom et de ses ouvrages, puisqu'ils n'en parlent point. Mais il en est question dans l'ouvrage d'Adam Bartsch, vol. IV, l° 71, à l'occasion de deux gravures à l'eau forte, où, suivant cet écrivain, Ver Boom a montré beaucoup de goût et d'esprit.

Le beau paysage dont nous venons de parler provient du riche cabinet de M. Van Helsleuter, d'Amsterdam, dont la vente se fit à Paris en janvier 1802.

WERFF (le Ch' Adrien Vander).

167. Les apprêts pour la sépulture de Jésus. — *Toile ; hauteur vingt-quatre pouces, largeur vingt-un.*

Détachée de la croix et déposée près du sépulcre, sur une pierre recouverte d'un linceul, la dépouille mortelle de Jésus-Christ est entourée de saintes femmes et de plusieurs apôtres qui se sont réunis pour lui rendre les derniers devoirs. Parmi ces charitables et fidèles serviteurs, on distingue Joseph d'Arimathie, soutenant la tête pâle et inanimée de son maître, tandis que la Vierge en détache la branche d'épines dont les juifs se sont fait un jeu atroce de le couronner. Outre que cette action de Marie est une preuve touchante de la sollicitude que lui causent encore les restes d'un fils qu'elle adorait, ses traits rendent en quelque sorte visibles, et l'excès de sa douleur et l'accablement dans lequel elle est près de tomber. Ce caractère ne pouvait se rendre avec plus de force. Il y a aussi beaucoup de sentiment dans celui de Madeleine embrassant une dernière fois la main de celui qu'elle accompagnerait volontiers jusque dans le tombeau. Deux autres femmes sont à genoux aux pieds de Jésus ; à leurs regrets moins vivement exprimés s'unit une profonde vénération. Plusieurs disciples du Christ, que l'auteur a représentés dans la demi-teinte, assistent à cette lugubre cérémonie, ou prennent part aux soins dont elle leur fait un dernier devoir.

Il n'y a rien dans ce tableau qui ne coïncide parfaitement avec le sujet, et l'on ne pourra dire que le fini, tout remarquable qu'il est, ait refroidi l'âme du peintre. Le ciel paraît couvert d'un voile funèbre ; une seule expression embrasse tout ; tout peint la douleur et la mort.

168. La sainte famille. — *Bois, forme cintrée : hauteur vingt-quatre pouces, largeur seize.*

Placée entre son époux et son fils, goûtant l'un et l'autre les douceurs d'un paisible sommeil, la gracieuse vierge Marie soutient la tête et l'une des jambes de ce fils adoré, et le contemple avec un ravissement que le cœur d'une mère comprendra beaucoup mieux que la plus éloquente plume ne pourrait l'exprimer.

Une forte ombre s'étend sur les deux figures de Joseph et de Marie, et contraste de la manière la plus piquante, avec la vive lumière qui éclaire tout le corps de l'enfant Jésus.

WITTE (Emmanuel de)

169. Intérieur d'église. — *Toile ; hauteur quarante-deux pouces, largeur trente.*

Ce tableau tromperait les yeux, si la bordure dont il est encadré ne les avertissait que c'est simplement un prestige de l'art, une de ces illusions qu'il a été donné à quelques peintres d'opérer.

En le considérant, on est censé retenu vers le bas de la grande nef, et tourné de manière à avoir devant soi une des nefs latérales, l'entrée d'une chapelle et une petite partie de la balustrade qui ferme le chœur. Un magnifique mausolée, entouré d'une grille, attire particulièrement les regards sur la gauche du tableau. Les autres parties sont entrecoupées de piliers où pendent des écussons et des étendards, et autour desquels il semble qu'on pourrait se promener. Mais ce qui produit le plus d'effet dans cette église, ce sont les deux espèces de lumière qui y règnent; l'une venant du Septentrion, et ne donnant qu'un jour froid; l'autre provenant de reflets dorés, occasionnés par la brillante clarté du soleil. De Witte est parmi les coloristes hollandais, un de ceux qui a le mieux fait sentir ces deux sortes de lumière.

C'est dans l'église neuve de Delft qu'a été prise cette vue. Le mausolée est celui de G. de Nassau, qui la fit rebâtir de concert avec les états de Hollande, après l'incendie de 1536.

———

WOUWERMAN (Philippe.)

170. Les Pélerins. — *Bois ; hauteur onze pouces sept lignes, largeur douze pouces cinq lignes.*

Assise à la porte d'une hutte couverte de chaume, et en partie fermée par un grand morceau de vieille toile, une pauvre cabaretière, mère de quatre enfans dont elle tient le plus jeune dans ses bras, fait donner par une autre femme des rafraîchissemens à deux pélerins, l'un debout vis-à-vis d'elle, le second assis sur un panier renversé.

Derrière cette femme charitable, est un homme qui tire du vin d'un tonneau pour le servir à deux voyageurs; l'un de ceux-ci est monté sur un cheval, l'autre fait manger l'avoine au sien. On voit venir à peu de distance un paysan et une paysanne, tous deux chargés de paquets.

On s'étonne chaque fois qu'on songe à Wouwerman, de la variété infinie de ses scènes, du naturel exquis qui règne dans toutes, et enfin du goût qu'il a mis dans la disposition et l'arrangement des moindres objets. D'une simple hutte il a fait ici quelque chose de très-pittoresque, au moyen de cet arbre qui en est un des appuis angulaires, et de ce lambeau de toile qui la ferme à moitié. Dans ses figures, c'est toujours un peintre extraordinaire, en ce qu'il y a rendu avec une rare sagacité et jusque dans leurs moindres nuances, le maintien et les habitudes qui conviennent à chaque âge ainsi qu'à chaque profession.

171. LE MARÉCHAL FERRANT. — *Bois; hauteur douze pouces neuf lignes, largeur onze pouces sept lignes.*

A l'entrée d'une grotte qui lui sert de forge et de demeure, un maréchal ferrant, un genou à terre, visite les pieds d'un cheval blanc, qu'un jeune garçon tient par le licou. Pendant cette visite qui excite l'attention d'un paysan, l'enclume est occupée par deux ouvriers qui façonnent un fer à coup de marteau. La femme du maréchal, assise par terre en dehors de sa sombre habitation, dort à côté du berceau de son enfant. Un peu plus loin, dans un chemin montant que dominent les restes d'un ancien édifice, on voit un homme qui emploie toutes ses forces à pousser un charriot que quatre chevaux ont de la peine à traîner. A main gauche, la vue est récréée par des lointains où se déroule une vaste étendue de pays.

Ce petit tableau est comme la plupart de ceux de Wouwerman, une de ces créations pittoresques où le goût, le savoir et l'adresse de la main, se disputent à l'envi les suffrages des connaisseurs.

172. CHASSE AU FAUCON. — *Toile; hauteur quinze pouces six lignes, largeur vingt-un pouces.*

Cette chasse a lieu le matin; c'est ce qu'indique clairement la vapeur fraîche et bleuâtre qui circule dans l'atmosphère, et dont elle est comme imbibée. Le paysage est riant et découvert; c'est une perspective immense où l'œil découvre successivement des champs

en culture, des prairies, des bois taillis, des collines
sablonneuses, des chaumières et quelques moulins à
vent. A main droite, sur un plan un peu reculé, la
vue est arrêtée par une ferme entourée d'arbres; sur
le premier plan, qui est formé d'un chemin, sont dis-
tribués les principaux personnages de la jolie scène
dont l'auteur s'est plu à enrichir son tableau. Il y a
dans le dessin de ces figures, ainsi que dans celui des
animaux toutes les qualités qu'on admire dans les
productions de Wouwerman, c'est-à-dire du goût, de
la grâce et de la vérité.

Un oiseau de leurre auquel on a laissé prendre
l'essor, attaque un héron et amuse les regards de
trois gentilshommes hollandais en partie de chasse.
L'un d'eux est debout près de son cheval qu'il tient
par la bride, un autre est affourché sur le sien; le
troisième arrive au galop. Deux fauconniers viennent
se rallier aux chasseurs. Pendant ce temps, un piqueur suivi d'un chien est allé près d'une mare, où il
puise de l'eau dans sa main pour se désaltérer. Un
autre se repose sur le bord du chemin. Un bouquet
d'arbres étend à droite de légers rameaux devant le
ciel, et couronne agréablement les plans inférieurs
du tableau.

Wouwerman a souvent peint des chasses; mais
grâce à la fécondité de son génie, elles n'ont entre
elles aucune véritable ressemblance : figures, accessoires, sites, heures du jour, saisons, tout s'y montre
sous un aspect différent. Personne n'a su mieux que

lui choisir les circonstances propres à les varier et à
leur donner de l'intérêt.

173. HALTE DE CHASSEURS. — *Cuivre ; hauteur dix pouces six lignes, largeur douze pouces neuf lignes.*

Des chasseurs, tous à cheval, ont choisi pour rendez-vous ou point de ralliement, le bord d'une rivière, à quelques pas d'un petit pont de bois. L'un
d'eux, le regard tourné vers une dame qui est assise
sur un cheval, attend, pour remonter sur le sien,
qu'un valet en ait resserré la sangle, ou disposé les
étriers. De deux autres chasseurs restés en selle, l'un
est vu par le dos et porte un faucon sur le poing,
l'autre fait boire sa monture à la rivière. En deçà du
pont vient un cinquième cavalier suivi de deux pi-
queurs. Des valets de chasse tenant des chiens en
laisse attendent le départ des chasseurs. Sur l'autre
bord de la rivière, dans un endroit ombragé par un
arbre, une femme s'occupe à laver du linge.

174. LE MARÉCHAL FERRANT. — *Bois ; hauteur onze
pouces sept lignes, largeur douze pouces neuf lignes.*

Un maréchal, en dehors de sa forge, est occupé
avec un de ses ouvriers à ferrer un cheval blanc
qu'un jeune garçon tient par la bride. A cette opération sont présens deux cavaliers, l'un debout à
côté de sa monture, l'autre affourché sur la sienne.
Pendant ce temps, un médecin vétérinaire, assisté
par un autre homme, fait avaler un breuvage à un
cheval malade, attaché entre les quatre piliers qu'en

maréchallerie on est dans l'usage de nommer travail.
Dans l'intérieur de la forge, un artisan bat sur l'enclume. Quatre autres figures enrichissent le fond du
tableau. Elles sont placées à l'issue d'un pont tout
près des murs d'une ville fortifiée. Le ciel est couvert
d'épaisses nuées semblables à celles qui annoncent
les orages.

175. PAYSAGE. — *Toile ; hauteur dix-huit pouces,*
largeur vingt-deux pouces six lignes.

Près d'une habitation rustique située à la gauche
d'un paysage, une jeune Hollandaise occupée à traire
une chèvre, a fait naître un subit accès de familiarité
dans l'esprit d'un rustre qui engage une petite lutte
avec elle, et dirige son attaque du côté du fichu. La
défense est légère et se fait en riant, ce que toutefois on a soin de cacher en baissant un peu la tête.
Un vieillard, une femme et un petit garçon voient
le débat et s'en amusent. Le premier est avec un
enfant à la porte de l'habitation ; la femme est appuyée sur la margelle d'un puits, où elle vient de
tirer de l'eau. Tout à côté de ces différens personnages est un valet donnant de l'herbe à un cheval qu'un
villageois attend pour se remettre en route. A la
droite du tableau, vers le second plan, on voit venir
deux hommes montés sur des chevaux ; un troisième
abreuve le sien à une rivière où des jeunes gens sont
prêts à se baigner.

Ce tableau et les deux précédens sont encore de
ceux où l'on admire toutes les perfections qui distinguent les ouvrages de l'auteur.

176. LE DÉPART DE L'HOTELLERIE. — *Bois ; hauteur treize pouces six lignes, largeur dix-huit pouces.*

Dans une écurie très-spacieuse, dont l'entrée donne sur la campagne, deux voyageurs sont venus prendre leurs chevaux, et se disposent à se mettre en route. L'un d'eux, déjà en selle, fait arranger ses étriers par un palefrenier; le cheval qu'il monte est blanc, très-fin et d'une belle taille. L'autre voyageur tient encore son cheval par la bride; le mouvement de cet animal dénote beaucoup de vivacité. Dans le fond, un autre valet attache au ratelier deux chevaux qui viennent d'arriver. Dans la partie la plus avancée du tableau, on voit deux enfans, dont l'un est monté sur un petit charriot traîné par un chien. Un troisième est à la porte de l'écurie, à côté de deux hommes qui s'amusent à regarder un combat de coqs.

Dans la campagne, on voit à cheval un gentil-homme et sa dame, tous deux coiffés de chapeaux à panache. Un pauvre les suit en leur demandant l'aumône.

Rien de plus naturel que toutes ces petites scènes, où les manières de chaque âge, de chaque condition sont rendues avec une finesse d'esprit peu commune. Les figures principales sont remarquables pour la noblesse que Wouwerman a su leur donner, pour la grâce avec laquelle elles sont vêtues. A tout cela il faut ajouter le plus beau pinceau imaginable, une couleur chaude et vigoureuse, une lumière bien conduite, de l'harmonie et de l'effet. En un mot, ce beau tableau est un de ceux qu'on nomme morceaux de choix.

WYNANTS (Jean) et WOUWERMAN (Philippe).

177. *Toile ; hauteur quarante-trois pouces, largeur cinquante.*

Les plus grands tableaux de Jean Wynants sont, pour la plupart, des peintures de décoration qu'il exécuta très-lestement dans les dernières années de sa vie, et qui se ressentent plus ou moins de leur destination. On commence par avertir les amateurs que ce n'est point un tableau de cette espèce que l'on annonce ici, mais un tableau peint avec soin, et d'une extrême vérité; un de ces tableaux qui transportent le spectateur aux lieux mêmes qu'ils représentent, et dans lesquels la nature, retracée avec une rare exactitude, est encore embellie des grâces du talent. Philippe Wouwerman eut-il consenti à l'enrichir de figures, s'il ne l'en eut pas trouvé digne?

Deux chemins tracés l'un à côté de l'autre forment à l'avant-scène un vaste emplacement, dont la droite est bornée par deux troncs d'arbres dépouillés de leurs branches; la gauche par une porte et un mur en ruine, faisant partie de l'enceinte d'un village. De cette porte viennent de sortir un homme chargé d'une hotte, et une femme montée sur un âne que précède un chien et quatre brebis. Sur le bord du chemin qui est à main gauche, se reposent deux paysans dont l'un porte un paquet sur son dos; dans l'autre chemin s'avance un cavalier auquel un mendiant accompagné de sa famille, demande l'aumône le chapeau à la main. Un peu plus loin, un voiturier conduit un charriot couvert et attelé d'un seul cheval. Sur des plans plus reculés se voient encore un voyageur couvert d'un manteau, deux villageois causant ensemble et des moissonneurs occupés dans un champ. Des dunes sablonneuses terminent le point de vue.

Le seul nom de Philippe Wouwerman doit suffire à l'éloge des figures qui ornent ce paysage. Ce peintre inimitable et jaloux de son talent n'est jamais descendu au-dessous de lui-même. Pour le paysage, c'est la nature avec toutes ses richesses et toute sa fraîcheur, sans que les détails nuisent à l'effet des grandes masses.

WYNANTS (Jean) et VELDE (Adrien Vanden).

178. Paysage. — *Bois; hauteur onze pouces cinq lignes, largeur quatorze pouces neuf lignes.*

De tous les peintres qui n'ont pas dédaigné d'ajouter des figures aux paysages de leurs confrères, Adrien Vanden Velde n'a eu d'égal que Ph. Wouwerman. La douceur de son pinceau est inimitable; il y a toujours harmonie parfaite entre sa couleur et celles des tableaux où l'on rencontre quelques figures de sa main. Mais aussi eut-il soin de ne jamais apposer son cachet que sur les ouvrages d'hommes dont le talent était à la hauteur du sien, quoique d'un genre différent.

Les figures que nous voyons ici se composent d'un jeune paysan vu par le dos, un bissac sur l'épaule, et conduisant avec son chien un petit troupeau de deux vaches et de quatre brebis. Un tel ornement ajoute sans doute beaucoup d'éclat au paysage de Wynants ; et toutefois, sans cet ornement, il lui resterait encore assez de mérite pour plaire aux amateurs. Ce tableau a des charmes qui lui sont propres. Jamais la touche de Wynants n'est ni plus élégante ni plus légère ; jamais sa couleur n'est ni plus vive ni plus piquante ; rarement il a peint des sites aussi agréables. Sur le devant sont représentés des troncs d'arbres renversés et diverses plantes ; un chemin tournant, moitié dans la demi-teinte, moitié éclairé par le soleil ; et de plus une petite hutte couverte de bois et dominée par un grand édifice. A droite, une rivière promène tranquillement ses eaux sinueuses à travers des prairies bordées de saules ; apparaissent enfin quelques montagnes lointaines qui achèvent le point de vue.

WYNANTS (Jean) et LINGELBACH (Jean).

179. Paysage. — *Toile ; hauteur quarante-deux pouces six lignes, largeur cinquante pouces six lignes.*

C'est encore ici une de ces rares et grandes pages où l'auteur a moins voulu nous éblouir par le faux éclat d'une touche vive et rapide, que nous contenter par une scrupuleuse imitation de la nature.

Cette belle page est en outre enrichie de grandes plantes sauvages et de deux énormes troncs d'arbres; choses, comme on sait, qu'il aimait à peindre, et que les amateurs se plaisent à rencontrer dans ses tableaux.

Ces troncs d'arbres séculaires, décrépis, mutilés, l'un encore sur pied et entouré de plantes, l'autre brisé et renversé par terre, occupent, à main droite, la moitié du premier plan : l'œil mesure avec surprise leurs dimensions colossales. De ce côté, le site est borné par deux maisons bâties en briques et couvertes de chaume. L'autre partie du premier plan est composée d'un chemin, où l'on voit venir une jeune fille marchant sur les pas d'un villageois chargé d'un paquet; vers l'extrémité du chemin, une pauvresse portant un enfant et suivie d'un petit garçon, s'arrête devant l'une des maisons pour implorer l'assistance d'un homme qui, du seuil de sa porte, jette du grain à de la volaille. A quelques pas plus loin, un jeune porcher chassant devant lui un troupeau de cochons, se dirige vers un épais massif d'arbres, à la droite duquel on jouit d'une échappée de vue. Un peu d'obscurité annonce que le jour approche de sa fin.

Les figures qui animent ce paysage sont de Lingelbach. Elles sont bien dessinées, distribuées avec goût, et touchées avec esprit.

180. **La maison rustique.** — *Bois ; hauteur treize pouces, largeur dix-sept.*

Beaucoup de personnes sont d'avis qu'avec du talent il faut moins de choses qu'on ne se l'imagine pour faire un excellent tableau. Celui-ci appuie fortement cette assertion. Nous l'admirons, et cependant que présente-t-il? Un large fossé plein d'eau et séparé par une bande de gazon d'un chemin semi-circulaire que borde une clôture de champ, quelques arbres, un appentis appuyé contre le pignon d'une maison rustique, et tout cela dans la seule étendue d'un premier plan. Mais on est forcé d'en convenir, l'œil est bien dédommagé de la simplicité et du petit nombre de ces objets, par la fidélité d'imitation avec laquelle ils sont rendus. D'ailleurs, cette clôture formée de troncs d'arbres, de pieux et de vieilles planches, où la paille remplit quelques vides; cette maison, moitié de bois, moitié de briques, avec son toit de chaume, et se détachant sur une espèce de rideau de verdure, sont d'un aspect si pittoresque que l'attention s'y arrête volontiers sans désirer rien de plus.

Lingelbach a orné ce paysage de trois figures : un homme chargé d'une hotte, et une femme menant un enfant par la main. C'est encore un de ces morceaux choisis qu'on a long-temps admirés dans le cabinet Saint-Victor. Il est inscrit sous le n° 210 du catalogue des tableaux de ce fameux cabinet.

181 Paysage. — *Toile ; hauteur vingt-trois pouces neuf lignes , largeur ving-deux pouces six lignes.*

A main droite, on a la perspective d'une campagne montueuse, boisée et frappée de plusieurs accidens de lumière. A gauche est un monticule de terre argileuse où sont éparses quelques touffes d'herbes à moitié desséchées , et sur le sommet duquel se repose un paysan. Un autre homme en descend par un petit sentier bordé de plantes grisâtres et mutilées , laissant entr'elles des lacunes bouchées avec de la paille. Au bas et en avant de cette éminence sont encore représentés deux chasseurs armés de fusils, et près de l'un d'eux un piqueur tenant des chiens en laisse. Ces figures et d'autres qu'on remarque vers le second plan, sont de la main de Lingelbach et d'un admirable fini. Le chardon , la molène , les troncs d'arbres renversés n'ont point été oubliés sur le devant de ce tableau.

WEENIX (Jean).

182. Instrumens de Chasse et Gibier. — *Toile ; hauteur quarante-pouces dix lignes , largeur trente-huit pouces trois lignes.*

Le fond de ce tableau se compose d'une vue prise dans un parc. A terre , sur le devant , sont posés au pied d'un vieux chêne, et réunis en un groupe, deux perdrix , un lièvre , une gibecière , un fusil et une plante de chardon. D'autres pièces de gibier et d'autres ustensiles de chasse sont attachés à l'une des branches de l'arbre. Peu de peintures sont aussi vraies que celle-ci.

Ce tableau est du nombre de ceux que les noms célèbres de leurs auteurs élèvent au-dessus des louanges qu'on pourrait leur donner. Weenix, aucun amateur ne l'ignore, est un des hommes habiles qui ont excellé dans la représentation des objets de nature morte.

Ecole Française.

GELÉE (Claude, dit le Lorrain).

183. Paysage vu en automne au coucher du soleil. — *Toile ; hauteur quarante-quatre pouces, largeur cinquante-neuf.*

Assis à l'ombre d'un bouquet d'arbres dont le feuillage, quoique léger, le met à couvert des derniers rayons du soleil, un vieux berger garde, sur le penchant d'une colline, un nombreux troupeau de vaches, de chèvres et de brebis ; ses mains sont armées d'un bâton, et ses regards dirigés sur deux muletiers qui traversent un pont, en chassant leurs bêtes de somme devant eux. De la colline, dont la partie basse se dérobe au spectateur, la vue plonge sur une vaste étendue de pays, divisé par un fleuve majestueux, dont le cours sinueux et tranquille s'étend jusqu'à l'horizon. Sur toute la campagne tombe une vapeur légère qui ne laisse aux objets lointains que des formes et des couleurs incertaines ; la végétation a perdu sa fraîcheur ; les arbres, les plantes, les gazons se dessèchent ; à leurs nuances, naguère printannières, succèdent les teintes brûlées de l'arrière-saison.

Devant un soleil couchant de Claude Lorrain, vous n'apercevez point le travail de la main, l'effet seul vous frappe, vous ravit ; vous croyez voir la nature, c'est elle que vous admirez. Nous ne chercherons point à rendre cet effet enchanteur, cette harmonie parfaite qui unit tous les élémens; le Lorrain seul a pu les peindre, et ses couleurs sont celles de la nature.

184. PORT DE MER. — *Toile ; hauteur vingt-huit pouces , largeur trente-sept.*

La teinte bleuâtre qui se reflète sur tous les plans de ce tableau, décèle l'intention du peintre ; c'est le commencement d'une belle matinée qu'il a voulu représenter.

A la gauche du tableau, les eaux de la mer légèrement agitées, baignent le premier plan et y forment une entrée de port ou de chenal. Du côté opposé, une fontaine cache en partie un navire à trois mats et armé d'une batterie de canons. Par la manœuvre que font plusieurs hommes de l'équipage de ce bâtiment, on reconnaît qu'ils viennent d'en serrer les voiles. Une chaloupe prête à l'aborder y porte des ballots de marchandises ; une seconde chaloupe, qui vient de toucher au rivage, est aussi chargée de divers objets que des matelots sont occupés à débarquer. A la droite, sur le deuxième plan, est une porte de ville ornée de colonnes; plus loin sont deux tours, un mur crénelé et d'autres édifices, à peu de distance desquels flottent deux frégates à l'ancre. On voit dans le lointain plusieurs barques voguant en pleine mer, ou le long d'une côte de montagnes. Le soleil un peu au-dessus de l'horizon répand sur tous ces objets une douce lumière à laquelle se mêle la vapeur matinale.

Il est dit dans le *liber veritatis*, où le dessin de cette marine se trouve gravé, qu'elle ornait autrefois le château du duc de Richelieu.

La couleur du tableau a beaucoup d'éclat; la composition qui est riche et animée, est une de celles aux quelles la plupart des amateurs donnent la préférence.

185. PAYSAGE. — *Toile ; hauteur dix-neuf pouces, largeur vingt-cinq.*

Assis à l'extrémité de l'un des parapets d'un pont auquel aboutit un grand chemin bordé d'un ruisseau, un berger veille sur un nombreux troupeau de chèvres et de brebis, et montre une poignée d'herbes à l'une des premières qui s'avance pour la venir prendre de sa main. Une partie du troupeau est éparse sur le chemin ; l'autre broute au-delà, sur une pelouse ombragée par un bouquet de beaux arbres, dont l'épais feuillage domine et divise le reste du point de vue. A main droite s'étend une vaste campagne ; à gauche est une colline tapissée d'une verdure sombre qui se réfléchit dans les eaux d'une rivière.

Ce paysage, remarquable par une rare vigueur de coloris, se distingue encore par cette dégradation de plans, cette belle simplicité, cette vérité qui ne manquent à aucun des ouvrages de l'auteur.

186. PAYSAGE. — *Toile ; hauteur quatorze pouces , largeur dix-huit pouces six lignes.*

Le Lorrain aimait surtout à reproduire sur la toile les beaux sites , les sites qui frappaient sa vue par leur magnificence et leur grandeur. Tel est le genre de paysage que représente ce tableau. On y voit ce que les campagnes nous offrent de plus agréable , et tout à la fois de plus majestueux et de plus imposant. A gauche , c'est une haute montagne dont la base coupée par échelons , est en partie masquée par des groupes d'arbres; du côté opposé, c'est une vaste étendue de mer de la couleur de l'azur, et qu'entourent des collines , de petits promontoires , et des pics superbes qui se dessinent comme des ombres légères dans les vapeurs de l'horizon. Au premier plan, c'est un terrain inégal dont le gazon sert de pâture à un riche troupeau de bœufs et de chèvres que garde un pâtre assis à l'ombre , au pied d'un rocher.

La couleur de ce paysage est celle qu'imprime aux campagnes une belle matinée d'été.

187. ÉNÉE A CARTHAGE. — *Toile ; hauteur quarante-quatre pouces , largeur cinquante-quatre.*

Quelques vers du quatrième chant de l'Énéide ont suggéré à Claude Lorrain la pensée de ce beau tableau. Mais il a dû créer sur sa toile ces hautes murailles , ces tours fortifiées , ces temples , ces palais , ce port , cette Carthage enfin que Didon se plaît à montrer au héros troyen ; à cet hôte qui règne sur son âme , avec qui elle voudrait désormais tout partager, et dont la moindre absence trouble son repos. Voici à peu près comment le peintre a rendu ce que lui a inspiré le poète.

Au premier plan, on voit une plate-forme entourée d'un parapet , et dominant la ville et le port de Carthage , avec lesquels elle communique par de larges degrés. C'est de ce lieu élevé que Didon fait voir à Énée, frappé de surprise et d'admiration, les immenses travaux qu'elle a fait exécuter. Deux suivantes et un garde sont à quelques pas en arrière de la reine ; plus en arrière encore se voient des guerriers armés de lances et gardant une des portes de la ville. Cette porte et de hautes tours forment, à la gauche du tableau , une de ces grandes masses que Claude aimait à faire contraster avec la petitesse des objets lointains , et qui produisent un si bel effet. Du côté opposé , la vue plane sur Carthage. On y remarque principalement le magnifique temple que la veuve de Sichée a bâti en l'honneur de la déesse Junon : le dôme de cet immense édifice domine toute la ville. Dans le port, formé d'une enceinte dont l'entrée est défendue par deux tours , sont réunis les vaisseaux qui composent la flotte d'Énée. Au-delà du port, l'œil peut se promener sur une grande étendue de mer.

Ce tableau , par sa qualité autant que par ses dimensions , mérite une place distinguée entre les beaux ouvrages de l'auteur. On y lit le mot *Carthago* sur une des parties du parapet qui borde la plate-forme. La couleur rouge du ciel rappelle les grandes

chaleurs qui régnent sur la côte d'Afrique , où Didon
avait fondé Carthage.

188. Port de mer. — *Toile ; hauteur quarante-cinq
pouces , largeur cinquante-cinq.*

« Un vaste port formé d'une baie , et dans lequel s'a-
vance une fortification flanquée de quatre tours car-
rées , occupe la plus grande partie du point de vue.
Au-delà est une ville adossée à de hautes montagnes.
Un navire est à l'ancre à l'entrée de la baie ; un autre
est en chantier du côté du fort. Dans le port voguent
çà et là plusieurs petites barques , les unes garnies
de voiles , les autres conduites par des rameurs. Des
colonnes , restes d'un antique et somptueux édifice ,
se marient avec des arbres sur le premier plan , tout-
à-fait à la gauche du tableau , et masquent en partie
un vaisseau qui est amarré au rivage.

« Quant à la principale scène dont Claude Lorrain a
enrichi ce paysage , elle consiste en un groupe de
trois femmes plongées dans une grande affliction , et
en une quatrième qui s'entretient avec un pâtre ,
près duquel paissent quelques chèvres ou brebis. Un
peu plus loin , vers la droite , on voit encore plusieurs
hommes tirant un bateau à bord.

« L'heure choisie par le peintre est celle du coucher
du soleil.

189. Paysage avec effet de soleil levant. — *Toile ;
hauteur vingt-neuf pouces , largeur trente-neuf.*

« A l'avant-scène, ombragée d'un côté par de grands

arbres, est un large chemin où passe un berger chassant devant lui son troupeau. Un peu plus loin , du même côté , sont situées une tour et plusieurs maisons , par derrière lesquels on voit une colline dont la pente douce s'abaisse et se termine vers le milieu du point de vue. Dans la partie opposée coule un fleuve que traverse un grand pont de pierre. Au-delà est un côteau couvert de bois. Dans le lointain , des montagnes s'élèvent devant l'horizon.

Ce qu'on ne se lasse point d'admirer dans ce tableau , ce sont ces teintes si vraies, si vaporeuses, si fuyantes , cette dégradation si parfaite, cette harmonie si ravissante, qui ont obtenu à Claude Lorrain la première place parmi les peintres de paysage de toutes les nations.

Fort de ses études, doué d'une grande mémoire, ayant appris la nature par cœur, ce peintre n'a pas craint d'en reproduire sur la toile les effets les plus difficiles à rendre. Il nous fait voir le soleil s'élevant au-dessus de l'horizon, et répandant à grands flots son éblouissante clarté , tantôt sur une mer qu'agite légèrement la brise du matin, tantôt sur de vastes et magnifiques campagnes. Peint-il le soleil au moment de son coucher ? ce sont d'autres couleurs ; le ciel et la terre sont comme revêtus de pourpre et d'or, tant soit peu mélangés d'azur. Les paysages de cet artiste ont encore un caractère distinctif. Ils représentent presque toujours les plus beaux sites du monde, avantage qu'il dût aux contrées où il avait fixé son séjour,

et qui lui offraient des modèles parmi lesquels il ne
lui restait qu'à choisir.

POUSSIN (Nicolas).

190. Sujet allégorique. — *Toile ; hauteur soixante-
huit pouces , largeur soixante.*

Cher aux muses, comblé des faveurs d'Apollon
qui lui enseigne l'art des vers , un jeune poète exprime à la vue de deux couronnes , les désirs de
gloire dont son âme est embrâsée. Voilà , si le sens en
a été bien compris, ce que dit cette allégorie.

Le dieu qui préside aux sciences et aux arts est représenté assis au milieu de la composition , le coude
appuyé sur sa lyre d'or. Ses lèvres entr'ouvertes dé-
signent , ainsi que l'action de sa main droite, qu'il
dirige par ses leçons les efforts du génie naissant de
son jeune favori. Celui-ci est debout vis-à-vis d'A-
pollon , une plume dans une main, un petit livre
dans l'autre, et les regards attachés sur deux couronnes de laurier qu'un enfant ailé planant sur sa
tête semble lui offrir. L'amour, armé de son carquois,
et tenant une couronne, est à côté du dieu des sciences et des arts. Derrière eux , tout-à-fait à la droite
du tableau , se voit la muse Euterpe , dont le nom ,
comme on sait, est allusif à la douceur persuasive de
l'érudition : on la reconnaît à la flûte qu'elle a sous
le bras.

191. **Apollon amoureux de Daphné.** — *Toile ; hauteur cinquante-six pouces, largeur soixante-treize.*

Parmi les dessins de la collection du Musée royal, il y en a un de la main de Nicolas Poussin, qui est la première pensée de ce tableau. Le livret ou la notice qui parut en 1811, en explique le sujet de la manière suivante :

« Mercure vide le carquois d'Apollon, pendant
» que ce Dieu devenu berger, considère l'Amour
» lançant ses traits sur des naïades. Composition al-
» légorique. »

Cette interprétation tout-à-fait vague, est remplacée ici par une autre qui semble positive, étant tirée de la fable même où le Poussin a pris le sujet de son tableau, sinon littéralement, du moins quant aux idées principales qu'il a eu l'intention d'y exprimer.

On lit dans les métamorphoses d'Ovide que l'Amour, pour se venger d'une raillerie d'Apollon, qui l'avait traité d'enfant délicat et portant un arc qu'il n'avait point la force de bander, décocha à ce Dieu une flèche d'or qui le rendit soudain amoureux de Daphné ; et à Daphné, une flèche de plomb qui lui glaça tellement le cœur, qu'elle fuyait au seul mot d'amour. N'est-il pas évident que c'est bien de cet endroit du poème, que le Poussin a tiré les motifs sur lesquels il a arrangé les diverses parties de la composition suivante.

Apollon y est représenté assis à l'un des côtés d'un paysage. Ses yeux fixés sur Daphné qui est de l'autre côté, vis-à-vis de lui, expriment bien qu'elle occupe son âme, mais sans y avoir encore porté le bonheur. La nymphe dont il est épris et sur qui l'amour décoche un trait de plomb, ne répond point à ses regards; loin de là, elle les attache sur son père, le fleuve Pénée, et le supplie en lui passant les bras autour du cou, de consentir qu'elle garde son innocence. Plusieurs nymphes ou naïades sont assises au bord de l'eau, entre Apollon et celle qu'il aime. L'une d'elles semble exprimer l'eau de ses cheveux. Une autre nymphe est assise dans les branches d'un arbre, et c'est apparemment une Dryade. Quant à Mercure représenté ici, dérobant avec adresse les flèches qui remplissent le carquois d'Apollon, c'est une idée appartenante au Poussin, et qui renferme quelque sens moral. Le peintre a voulu faire entendre peut-être, qu'Apollon si fier de la supériorité de ses traits sur ceux de Cupidon, n'était même plus capable de les bien conserver, depuis que l'Amour était entré dans son âme.

192. LA NAISSANCE DE BACCHUS. — *Toile ; hauteur quarante-cinq pouces, largeur soixante-six.*

Les figures de cet admirable tableau, ont à peu près vingt pouces de haut. Le Poussin en a pris le sujet dans la cinquième fable du troisième livre des métamorphoses d'Ovide. C'est peut-être de ce peintre sublime, la plus agréable production qui soit en

France. Autrefois c'était un des plus beaux ornemens de la galerie du Palais-Royal.

Cette galerie ayant été vendue à Londres, comme on l'a dit ci-devant à la page 31 de ce catalogue, le tableau dont il s'agit fut acquis et payé cinq cents guinées par M. Willet, le même amateur qui avait acheté l'éducation de l'Amour du Corrège, que nous avons inscrit sous le n. 11. Ce renseignement nous vient encore de l'ouvrage déjà cité de W. Buchanan, dans lequel on lit : *The Birth of Bacchus. W. Willet, esq. — 500 guineas............ This poetical composition was sold at the sale of M. Willet's pictures, in 1819, and is now in the possession of M. Érard, of Paris.*

Il a paru convenable de transcrire ici l'explication que Saint Gélais a donnée de ce tableau, aux pages 352 et 353 de sa description des tableaux du Palais-Royal.

« La scène du tableau, est un paysage où coule sur
» le devant un ruisseau. Mercure, dont l'habille-
» ment est rouge et le petase vert, présente sur une
» grande draperie jaune, Bacchus nouveau né, et
» couronné de pampre à Ino. Cette nymphe, qu'une
» draperie pourpre couvre seulement à moitié, est
» assise à terre, et reçoit cet enfant avec beaucoup
» de joie ; une autre nymphe à genoux derrière
» elle, l'embrasse et tourne la tête vers ses compa-
» gnes pour leur annoncer la naissance du fils de
» Jupiter. À droite, on voit le maître des dieux dans
» les nuées, couché sur un lit à l'antique, buvant

» l'ambroisie dans une coupe que lui sert Hébé, ca-
» ractérisée par une amphore. A gauche, quatre
» nymphes assises dans l'eau, forment un groupe
» avec des attitudes très-variées ; une cinquième à
» demi-nue, ayant une draperie jaune qui tombe,
» est derrière et s'appuie contre des ceps de vigne
» et des branches de lierre ; cette dernière et deux
» autres sont couronnées de lierre. Au-dessus de Bac-
» chus, on aperçoit le dieu Pan, assis sur la croupe
» d'une montagne, jouant de la flûte. Dans le coin
» à droite, au bas du tableau, le peintre a représenté
» la fable de Narcisse ; il est étendu mort sur les
» fleurs qui portent son nom ; et un peu plus haut,
» on voit la nymphe Écho assise, la tête appuyée sur
» son bras ; sa pâleur blanchâtre marque qu'elle est
» changée en pierre. »

On trouve une autre description de ce précieux
tableau, dans un ouvrage écrit en Italien, par le
marquis de Seignelai, et publié à Rome en 1672,
sept ans après la mort du Poussin. L'auteur commence par ces mots : *Il Bambino, che Mercurio
porge a quella ninfa è Baccho novallamente nato.
La ninfa, etc.*

Le style riche, sublime, original de Nicolas Poussin ; la poésie dont il a généralement rempli ses ouvrages ; les pensées fines, les grandes vérités, les
sages préceptes dont ils abondent, lui ont acquis une
telle célébrité, et ont rendu son nom si sonore dans
toutes les parties du monde, qu'il est impossible au
langage d'en augmenter l'éclat. Celui-là seul qui sent

bien le Poussin, a dans l'âme, mais là seulement, ce qu'il faut pour le louer. On se bornera donc à faire remarquer ici, que le tableau représentant Apollon épris des charmes de Daphné est un morceau capital, et digne en tout du vaste génie de ce peintre; que celui qui représente la naissance de Bacchus est un de ses ouvrages les plus agréables, les plus parfaits et les plus renommés; un ouvrage qu'on ne devrait plus laisser sortir du pays qui s'honore d'avoir donné le jour et les premières leçons à son auteur.

Le narrateur qui a entrepris de rendre compte des richesses pittoresques de la fameuse galerie de M. le chevalier Érard, plus convaincu que jamais que cette tâche était au-dessus de ses forces, croit devoir faire souvenir ses lecteurs qu'il a commencé par réclamer leur indulgence, et faire un appel à leurs lumières.

Nota. Ce Catalogue sera augmenté d'un Supplément contenant les tableaux qui décorent les appartemens de la maison de M. le chevalier Érard.

FIN.

Imp. de Ch. Dezauche, Faub. Montmartre, n. 11.

TABLEAUX

DU SALON

DE

M. LE CHEVALIER ÉRARD,

FAISANT SUITE A CEUX DE SA GALERIE.

BERCHEM (Nicolas.)

193. Scène familière. — *Toile, hauteur soixante-deux pouces, largeur cinquante-quatre.*

Une jeune dame ayant avec elle deux suivantes, dont une la couvre d'un parasol, écoute chanter une de ses amies qui est assise au pied d'un édifice embelli de statues. Près de la belle musicienne est un galant chevalier qui l'accompagne de la guitare. Deux autres hommes sont en arrière sur les degrés de l'édifice.

Une fontaine orne, au premier plan, le champ du tableau. Sur les autres plans on voit un palais et une petite partie de l'un des quais d'un port.

Ce morceau est traité dans le goût de Veenix. On le regarde depuis long-temps comme une variété très-digne de remarque parmi les productions de Berchem; car, bien que les objets y soient exécutés sur une plus grande échelle que dans les autres ou-

vrages de cet artiste, il n'y a pas déployé moins de
de cette aisance, de cet esprit, de cette netteté de
pinceau, qui caractérisent la piquante originalité qui
lui est particulière.

Plusieurs catalogues de cabinets très-renommés
font mention de ce beau tableau.

BERKHEYDE (G.)

194. Vue de Hollande. — *Toile; hauteur vingt-
quatre pouces, largeur vingt-huit.*

Cette vue, dans l'intérieur d'une ville, se compose
tout simplement d'une partie de canal que traverse
un pont, et sur lequel flottent différentes barques
servant au transport des marchandises. Au-delà du
canal est un quai abrité par de grands arbres dont le
feuillage épais masque une rangée de maisons. De
petites figures bien dessinées, très-variées et dont les
mouvemens sont naturels, animent tous les points
de ce tableau, dont l'aspect rappelle ceux de Vander
Heyde.

BOTH (Jean.)

195. Paysage. — *Toile; hauteur vingt-cinq pouces,
largeur trente-cinq.*

A droite, tout-à-fait à l'avant-scène, un villageois,
assis sur un quartier de rocher, s'entretient avec un
autre homme qui est debout près de lui, et dont tout
le vêtement consiste en une ceinture attachée autour
des reins. Vers le second plan, dans un chemin sinueux, viennent une femme montée sur un âne, et

plus loin un valet de ferme conduisant un cheval de somme précédé de quelques brebis.

S'agit-il de l'élégance, de la légèreté des arbres, de la vivacité, de l'abandon du pinceau, de ces reflets vifs et dorés qui semblent se jouer, au soleil du soir, dans les branchages, parmi les rochers, sur les gazons, par toute la campagne ; Both est à cet égard le plus séduisant des paysagistes. Ce peintre s'est d'ailleurs distingué par beaucoup de goût dans l'économie de ses compositions, dont les grandes masses ne sont pas seulement bien disposées, mais encore enrichies d'une quantité de détails rendus avec tout l'esprit possible. Dans le tableau dont on a commencé la description, on voit sur le premier plan des buissons, des plantes sauvages, des quartiers de rocher, se mariant ensemble et formant une espèce de bordure en avant d'un large sentier. Aux côtés, parmi ces plantes et ces buissons, s'élèvent des bouquets d'arbres, dont les rameaux, découpés avec grâce, encadrent un point de vue montagneux, immense, richement boisé, et formant la plus agréable des perspectives. Une grande fraîcheur de coloris, un fini précieux achèvent de donner à ce paysage tout le charme imaginable.

DIETRICH (Chrétien-Guillaume-Ernest.)

196. Paysage pastoral. — *Toile ; hauteur vingt pouces, largeur vingt-cinq.*

Sur le devant d'un pâturage, un villageois badine avec un petit enfant qu'une jeune femme tient dans ses bras. Cette petite scène naïve porte à croire que l'idée du peintre a été de représenter deux époux s'amusant des gentillesses de leur premier-né. Plusieurs animaux enrichissent encore le devant de ce paysage; il a pour fond un site montagneux dont les plans sont parfaitement dégradés et d'une bonne couleur. Dietrich n'a rien produit de meilleur dans ce genre de peinture; on dirait qu'il a voulu y *pasticher* Berchem.

DYCK (Antoine Van.)

197. La mort de Jésus. — *Bois; hauteur seize pouces, largeur treize.*

Marie, dont les yeux tournés vers le ciel expriment la plus profonde douleur, soutient le corps de son fils qui vient d'être détaché de la croix. A genoux près d'elle, Madeleine baise avec respect une des mains glacées de Jésus-Christ. Saint-Jean, debout en arrière de la pécheresse, concentre en lui-même la douleur que lui cause la mort de son maître.

Coloris, pinceau, effet, expression, tout rappelle ici le beau talent d'un peintre dont le coloris égale celui des plus grands maîtres de l'école de Venise.

LINGELBACH (Jean).

198. Paysage. *Toile; hauteur treize pouces, largeur douze.*

Sur le devant, à gauche, on voit une charette attelée d'un cheval et chargée de foin; à droite est une femme qui regarde deux paysans assis, et s'amusant à un jeu très-usité en Italie. Les lointains offrent à la vue un pays plat. Peu d'ouvrages de Lingelbach sont aussi finis que celui-ci.

MAUBEUGE (Jean de Mabuse, autrement dit).

199. L'adoration des mages, celle des bergers et la présentation au temple. — *Tableau à volets; bois; hauteur trente-un pouces, largeur vingt-six.*

Dans le tableau principal, la vierge est assise au pied des ruines d'un riche édifice d'architecture moresque, et tient son fils sur ses genoux; un des mages, prosterné aux pieds de cet enfant, lui présente son offrande; les deux autres sont debout, l'un à la droite, l'autre à la gauche de Marie. En arrière sont les gens qui composent la suite de ces trois augustes personnages. Dans le lointain, au milieu d'un riche paysage, on remarque la ville de Bethléem.

Sur le volet qui est à la droite du tableau, est représentée l'adoration des pasteurs. Le nouveau né, couché sur un des pans du manteau de sa mère, est l'objet de sa vénération. Trois anges à genoux adorent le messie; derrière eux se voient deux bergers qui viennent lui rendre hommage. Saint-Joseph, une lanterne à la main, paraît s'étonner des honneurs qu'on rend au fils de Marie. Un ange plane sur la scène. Le fond du tableau représente des ruines et un paysage.

Maubeuge a peint, sur l'autre volet, la présentation au temple. Le grand prêtre, placé devant l'autel, tient Jésus dans ses bras; à ses pieds est agenouillée la vierge Marie. Saint-Joseph et une jeune femme, ayant chacun un cierge à la main, assistent à la cérémonie du rachat de l'enfant et de la purification de la mère; on y voit aussi la prophétesse Anne et Siméon. L'architecture du temple est gothique.

Il y a dans toutes ces figures un caractère de bonhomie et de vérité qui les rend très-remarquables. Le coloris étonne par sa vigueur et son éclat; l'exécution est d'un beau fini; la conservation telle, qu'il est impossible de découvrir dans tout le tableau la moindre altération; en un mot, c'est un morceau précieux pour les personnes qui recherchent les peintures des anciennes écoles.

PLAZER (F.-J.).

400. L'INAUGURATION ET LA DESTRUCTION DU TEMPLE DE SALOMON; en deux tableaux faisant pendants. — *Toile; hauteur vingt-quatre pouces, largeur vingt-huit.*

Ce serait entreprendre l'impossible que de vouloir décrire deux sujets dans chacun desquels on compterait des centaines de figures, mêlées à des accessoires sans nombre. Pour donner une faible idée de l'étonnante richesse d'imagination qui s'y fait admirer, il suffira de dire que les plus grandes compositions du célèbre Callot, comparées à celle-ci, deviendraient des inventions simples. Dans l'incendie du temple il y a des attitudes, des expressions qui étonnent, tant Plazer y a mis de hardiesse et de variété; mais ce qu'il y a de plus prodigieux, c'est l'extrême fini qui se montre dans un aussi grand nombre de choses, qui par cette raison sont autant de miniatures parfaites. Il est douteux que la peinture se soit jamais imposé de tâche plus extraordinaire que ces tableaux, dont chacun a dû couter des années de patience et de travail. Ils firent une grande sensation dans les premiers temps de leur arrivée à Paris, et furent vendus à un haut prix, comme cela arrive pour tout ce qui est éminemment remarquable et rare.

REMBRANDT (Paul).

201. Paysage. — *Bois; hauteur dix-huit pouces, largeur vingt-trois.*

Le coloris de ce tableau est de ce ton doré, un peu enfumé, qu'on remarque dans certains ouvrages de Rembrandt; l'exécution en est très-arrêtée et d'un grand fini; dans la composition on retrouve la simplicité des paysages de Van-Goyen et de Salomon Ruysdaël. A droite, des chaumières ou maisons rustiques sont abritées par de grands arbres, et tout près de ces maisons est une femme qui se fait dire la bonne aventure par une Bohémienne; à gauche, à l'extrémité d'un pays plat, on aperçoit un village. Les tableaux de l'espèce de celui-ci sont très-rares : il y a vigueur de coloris, transparence et effet.

SART (Corneille du).

202. Fête champêtre. — *Toile; hauteur quinze pouces, largeur dix-neuf.*

Devant la porte d'un cabaret rustique six paysans, hommes et femmes, se donnant la main et formant

un rond , sautent en cadence au son d'un violon ;
d'autres paysans, la pipe ou le verre à la main et
dans des attitudes différentes, s'amusent à les regarder. Une foule de personnages réunis dans un endroit
plus éloigné, indique que Du Sart a entendu donner
une image des bruyans plaisirs d'une fête patronale.

IMPRIMERIE DE CH. DEZAUCHE,
RUE DU FAUG.-MONTMARTRE, N° 11.

www.ingramcontent.com/pod-product-compliance
Ingram Content Group UK Ltd.
Pitfield, Milton Keynes, MK11 3LW, UK
UKHW022013170726
13837UKWH00001B/160